Weyand

Was weiß das Finanzamt vom Steuerzahler?

Was weiß das Finanzamt vom Steuerzahler?

von
Raimund Weyand
Staatsanwalt für Steuer- und
Wirtschaftsdelikte

2. Auflage

WRS VERLAG WIRTSCHAFT, RECHT UND STEUERN

CIP-Titelaufnahme der Deutschen Bibliothek

Weyand, Raimund:
Was weiß das Finanzamt vom Steuerzahler? / Von Raimund Weyand –
2., überarb. Aufl. – Planegg/München : WRS, Verl. Wirtschaft,
Recht u. Steuern, 1991
(WRS-Steuer-Ratgeber)
ISBN 3-8092-0690-3

ISBN 3-8092-0690-3 Bestell-Nr. 36.11

1. Auflage ISBN 3-8092-0560-5
2., überarbeitete Auflage 1991

Herstellung: J. P. Himmer GmbH, Augsburg

Liebe Leserin, lieber Leser

Manch ein Steuerpflichtiger wundert sich, wieviel „sein“ Finanzamt über ihn weiß und denkt darüber nach, ob es mittlerweile den „gläsernen Steuerbürger“ gibt. Es ist tatsächlich so: Die Zeit, in der sich die Finanzverwaltung primär für Großbetriebe und andere große Steuerzahler interessiert hat, ist endgültig vorüber. Auch die „kleinen Fische“ müssen damit rechnen, daß ihre Steuererklärungen genau geprüft und daß sie betreffende steuerliche Informationen gesammelt und ausgewertet werden.

Diese Broschüre soll dazu beitragen, die Kompetenzen der Steuerbeamten darzustellen, ihre Informationsmöglichkeiten zu umreißen und die verschlungenen Wege des innerbehördlichen Mitteilungsverfahrens transparent zu machen.

Besondere Schwerpunkte liegen dabei in der Darstellung alltäglich auftretender Probleme im Zusammenhang mit Erwerbsvorgängen, Erbschaften und der allgemeinen Einkommenserzielung. Der Leser erfährt, welche Behörden und Institutionen zu Mitteilungen gegenüber der Verwaltung verpflichtet sind. Auch der Frage, wie das Finanzamt an Informationen von Banken herankommt und wie es Sachverhalte im Ausland ermitteln kann, wird nachgegangen.

Um die Darstellung für jeden Leser leicht verständlich zu halten, enthält das Buch eine Fülle praktischer Beispielsfälle. Außerdem sind eine Reihe von Tips aufgeführt, die den Umgang mit den Finanzbehörden erleichtern sollen. Schließlich findet der „reuige Steuersünder“ Hinweise darauf, wie er mit seinen steuerlichen Pflichten wieder „in’s Reine“ kommen kann.

Berücksichtigt in der Neuauflage ist die Schilderung des „Bankgeheimnisses“ in einigen klassischen „Kapitalfluchtländern“. Außerdem wurde die neueste Rechtsentwicklung im Bereich „Kontrollmitteilungen“ eingearbeitet.

Nach dem Beitritt der ehemaligen DDR bestehen auch dort die in diesem Buch geschilderten Informationsmöglichkeiten für die Finanzämter. Auch der Steuerpflichtige, der in den neuen Bundesländern lebt, kann sich daher in dieser Schrift über die Möglichkeiten der Finanzverwaltung informieren. Wie sich die Verwaltungspraxis dort allerdings entwickeln wird, ist im Moment noch nicht abzusehen.

Der Verfasser

Abkürzungsverzeichnis

Abs.	Absatz
Abschn.	Abschnitt
AO	Abgabenordnung
Art.	Artikel
BFA	Bundesversicherungsanstalt für Angestellte
BFH	Bundesfinanzhof
BGH	Bundesgerichtshof
BGB	Bürgerliches Gesetzbuch
bnV	betriebsnahe Veranlagung
BpO	Betriebsprüfungsordnung
bzw.	beziehungsweise
cpd	Conto pro diverse
DBA	Doppelbesteuerungsabkommen
d. h.	das heißt
EStG	Einkommensteuergesetz
ErbStG	Erbschaft- und Schenkungsteuergesetz
EG	Europäische Gemeinschaft
etc.	et cetera
FA	Finanzamt
GG	Grundgesetz
ggf.	gegebenenfalls
GrEStG	Grunderwerbsteuergesetz
i. d. R.	in der Regel
OECD	Organization for Economic Cooperation and Development
VermStG	Vermögensteuergesetz
S.	Seite
SGB-X	Sozialgesetzbuch Teil X
sog.	sogenannt
StGB	Strafgesetzbuch
StPO	Strafprozeßordnung
u. U.	unter Umständen
vgl.	vergleiche
z. B.	zum Beispiel
Ziff.	Ziffer
z. Z.	zur Zeit

Inhaltsverzeichnis

A Einführung

Eingriffsbefugnisse

Die wenigsten Menschen zahlen gerne Steuern. Man fürchtet Eingriffe und Einblicke in die Privatsphäre, rechnet mit „Schnüffeleien“ und wartet wenig erfreut auf den Nachzahlungsbescheid. Dennoch werden fast alle einsehen, daß die Finanzämter notwendig sind – schließlich muß der Staat funktionieren. Um dies sicherzustellen, hat die Finanzverwaltung weitgehende Eingriffsbefugnisse, die in ihrem „Grundgesetz“, der Abgabenordnung (AO), verankert sind.

Das Kernprogramm ergibt sich aus § 85 Abs. 1 AO: Die Verwaltung muß Steuern „nach Maßgabe der Gesetze gleichmäßig“ festsetzen und erheben und sicherstellen, daß Steuern nicht verkürzt und Erstattungen nicht grundlos geleistet werden. Andererseits ist es auch ihre Aufgabe, darauf zu achten, daß Steuern nicht unrechtmäßig erhoben oder Erstattungen rechtswidrig unterlassen werden.

Damit hebt der Gesetzgeber hervor, daß die Verwaltung sowohl zugunsten als auch zulasten des einzelnen Bürgers tätig werden muß. Besonders deutlich kann man dies in § 89 AO erkennen: Die Finanzämter sollen bei erkennbaren Fehlern oder Versehen, die sich nachteilig für den Pflichtigen auswirken können, auf deren Korrektur hinwirken und auch bei Bedarf Auskünfte erteilen. Allerdings ist es nicht ihre Aufgabe, einen Steuerberater zu ersetzen.

Beispiel:
A hat ein Haus erworben und will von seinem Finanzamt wissen, ob er hierfür steuerliche Vergünstigungen beanspruchen kann. Die Finanzbehörde muß ihn auf § 10e EStG hinweisen.

Betreibt A etwa noch eine Gaststätte, kann er die hier angefallenen Belege nicht einfach zu dem für ihn zuständigen Sachbearbeiter bringen, damit dieser ihm die Steuererklärung erstellt. Dies muß A selbst tun oder einen Berater damit beauftragen.

Verfahrensgrundsätze

Die Finanzämter müssen in allen Verfahren **von Amts wegen** tätig werden. Sie bestimmen selbst, inwieweit sie bestimmte Maßnahmen ergreifen, die ihrer Meinung nach im konkreten Einzelfall notwendig sind. Bestimmte Anträge des Pflichtigen sind nicht notwendig; auch für diesen günstige Umstände (z. B. die eingetretene Verjährung der Möglichkeit, eine Steuer festzusetzen) sind von vornherein zu beachten. Dabei wird der gesamte Sachverhalt, soweit er möglicherweise für die steuerliche Beurteilung Bedeutung haben kann, zwingend und umfassend untersucht. Man spricht in diesem Zusammenhang von dem **Untersuchungsgrundsatz;** das Verwaltungshandeln beschränkt sich also nicht nur auf die Auswertung von Einzelheiten, die die Beteiligten selbst liefern (wie z. B. im Zivilprozeß), vielmehr soll der umfassende wahre Sachverhalt ermittelt werden.

Dieser Untersuchungsgrundsatz wird ergänzt durch die Verpflichtung der Finanzverwaltung, im Einzelfall von Amts wegen tätig zu werden. Sie hat also kein Ermessen, steuerliche Ermittlungen zu unterlassen, wenn konkrete Anhaltspunkte für steuerlich relevante Vorfälle vorhanden sind.

Beispiel:
Das Finanzamt (FA) B erhält von einem Außenprüfer des FA C eine Kontrollmitteilung, aus der sich eine Honorarzahlung in Höhe von 50.000 DM an den A im Jahre 1987 ergibt; er soll hierfür eine Firma beraten haben. A ist aber bisher steuerlich noch nicht erfaßt. Das FA B muß hier Ermittlungen aufnehmen und überprüfen, inwieweit A steuerpflichtige Gewinne gemacht hat.

Insoweit gilt auch im Steuerrecht das sog. **Legalitätsprinzip.** Der Untersuchungsgrundsatz beherrscht alle Stadien des Besteuerungsverfahrens, also nicht nur bei der Steuerfestsetzung, sondern auch z. B. bei der Entscheidung über Billigkeitsmaßnahmen (Stundungs- und Erlaßanträgen) oder bei der Entscheidung über die Frage, ob steuerliche Nebenleistungen, wie Verspätungszuschläge, festgesetzt werden müssen.

Auch eventuelle Rechtsmittelverfahren (Einsprüche, Beschwerden) wickelt das Finanzamt unter Berücksichtigung des geschilderten Grundsatzes ab. Ein ohne Begründung eingelegtes Rechtsmittel verpflichtet die Rechtsbehelfsstellen der Ämter gleichwohl, den Sachverhalt insgesamt neu zu überprüfen und die angegriffene Entscheidung u. U. zum Vorteil des Betroffenen abzuändern.

Mitwirkungspflichten und Zwangsmöglichkeiten

Dem Amtsermittlungsgrundsatz auf der Seite der Verwaltung steht die Pflicht des einzelnen Steuerbürgers gegenüber, zu den Untersuchungen zur Aufklärung des Sachverhalts beizutragen. Es besteht eine **Mitwirkungspflicht des Steuerpflichtigen** (§ 90 AO). Dieser muß vorliegende Unterlagen vollständig herausgeben und wahrheitsgemäß Auskünfte erteilen bzw. Beweismittel benennen. Allerdings ist er hierzu nicht verpflichtet, wenn die geforderte Mitwirkung unzumutbar oder unverhältnismäßig wäre.

Beispiel:
Das FA A fordert vom Rentner B eine genaue Aufstellung über seine Einkünfte aus Kapitalvermögen. Es ist erkennbar, daß B wegen seiner geringen Rente überhaupt kein steuerpflichtiges Einkommen erzielt, die geforderte Aufstellung wäre nur durch kostspielige Recherchen bei der Bank des B zu erstellen. Hier wäre das Ersuchen des Amts unverhältnismäßig und daher unzumutbar.

Auch muß das Auskunftsverlangen erforderlich für die Durchführung der Besteuerung sein.

Beispiel:
Die Einkünfte des Rentners A aus seinen Kapitalanlagen sind ohne weiteres bereits aus Erklärungen in den Vorjahren ersichtlich.

Schließlich muß der Angesprochene ein Auskunftsbegehren auch erfüllen können. Dies ist nicht der Fall, wenn die begehrte Auskunft aufgrund objektiver oder subjektiver Umstände unmöglich zu erteilen ist.

Beispiel:
Rentner A ist geistig verwirrt.

Oder: Die Unterlagen über das Einkommen des A sind bei einem Umzug unverschuldet verlorengegangen und nicht mehr rekonstruierbar.

Über die grundsätzliche Verpflichtung des § 90 AO hinaus verankert das Gesetz noch weitere Pflichten:

- Pflicht zur **Abgabe** von Steuererklärungen (§ 149 AO)
- **Auskunftspflichten** (§ 93 AO)
- **Mitwirkungspflichten** bei einer Außenprüfung (§ 200 AO).

Kommt der Steuerpflichtige den erwähnten Mitwirkungspflichten nicht nach, kann er hierzu gezwungen werden. Häufigstes **Zwangsmittel** ist das Zwangsgeld, das maximal 5.000 DM betragen darf (§ 329 AO); ist die Beitreibung eines verhängten Zwangsgelds nicht möglich, kann an dessen Stelle sogar Ersatzzwangshaft angeordnet werden. Die Finanzbehörde muß auf diese Möglichkeit aber schon bei der Festsetzung des Zwangsgelds hinweisen und die Haftanordnung beim örtlich zuständigen Amtsgericht beantragen.

In der Praxis ist die Verhängung von Zwangshaft ungewöhnlich, weil das Verfahren sehr zeitaufwendig werden kann. Das Finanzamt hat eine wesentlich wirksamere Möglichkeit, sofern Zwangsgelder nicht wirken: Die Verwaltung kann Besteuerungsgrundlagen **schätzen,** wenn ein Steuerpflichtiger seinen Verpflichtungen nicht nachkommt (§ 162 AO). Sie legt dann die Steuerschuld fest, die der Pflichtige ihrer Meinung nach zu entrichten hat. Ist er mit der Schätzung nicht einverstanden, muß er tätig werden und Belege bzw. Erklärungen vorlegen, die diese entkräften.

Auskunftsverweigerungsrechte

Nicht jeder Angesprochene muß seine Kenntnisse in jedem Fall offenbaren. Einmal gelten in allen Fällen die oben geschilderten Kriterien der Erforderlichkeit, Verhältnismäßigkeit und Erfüllbarkeit. Zum anderen steht bestimmten Personen möglicherweise das Recht zu, die Auskunft gegenüber der Finanzverwaltung zu **verweigern.**

Diese Rechte genießen einmal die Angehörigen eines Steuerpflichtigen, soweit sie nicht zur Erfüllung auch eigener steuerlicher Pflichten tätig werden müssen (§ 101 AO).

Beispiel:
Die Eheleute A werden zusammen zur Einkommensteuer veranlagt. A ist der Alleinverdiener, Frau A muß auf Befragen Angaben über den Umfang der Tätigkeit ihres Ehemanns machen. Ihre Schwiegermutter, die im selben Haushalt lebt, braucht aber nicht auszusagen.

Zu den schweigeberechtigten Angehörigen zählen Verlobte, Ehegatten, in gerader Linie Verwandte oder Verschwägerte, Geschwister.

Auch Angehörige bestimmter Berufsgruppen dürfen zum Schutz bestimmter Berufsgeheimnisse schweigen (§ 102 AO). Nämlich:

- Geistliche
- Angehörige gesetzgebender Körperschaften (Bundestag, Landtag etc.)
- Verteidiger, Anwälte, Steuerberater, Notare (vgl. dazu Abschn. 4.5), Ärzte, Apotheker und Hebammen
- Presse- und Rundfunkmitarbeiter (vgl. dazu Abschn. 4.2).

Schließlich gewährt § 103 AO einem angesprochenen Dritten dann ein Aussageverweigerungsrecht, wenn ihm oder einem Angehörigen durch die Beantwortung der Frage ein Strafverfahren oder ein Verfahren wegen einer Ordnungswidrigkeit drohen würde.

Beispiel:
B führt zusammen mit A „schwarze" Maurerarbeiten durch. Er muß diesbezügliche Anfragen des Finanzamts im Besteuerungsverfahren des A nicht beantworten, weil ihm u. U. selbst ein Steuerstrafverfahren drohen kann.

Die Auskunftsverweigerungsrechte für die genannten bestimmten Berufsgruppen gelten allgemein nur für Tatsachen, die im beruflichen Bereich der Berechtigten bekannt geworden sind. Privat erlangte Kenntnisse müssen offenbart werden.

Beispiel:
Bundestagsabgeordneter A erfährt bei einem Kirchgang durch zufälliges Mithören eines Gesprächs, daß B Schwarzumsätze macht. A muß dies auf Befragen bekanntmachen.

Auch hindern die angegebenen Vorschriften die genannten Personenkreise nicht daran, freiwillig Anfragen des Finanzamts zu beantworten. Die Bestimmungen gewähren lediglich Rechte, schaffen aber keine entsprechenden (Schweige-)Verpflichtungen.

Überprüfen ist schwer

Den geschilderten theoretischen Möglichkeiten der Finanzverwaltung steht ein praktisches Problem gegenüber: es gibt mittlerweile Millionen von Steuerpflichtigen. Deren Zahl wächst ständig, die Zahl der Finanzbeamten dagegen nicht. Dies bedeutet zwangsläufig, daß jeder Steuerbeamte immer mehr einzelne Steuerfälle betreuen muß – und das in einer immer kürzer werdenden Arbeitszeit. Meist kann er daher im Einzelfall keine vertiefte Prüfung durchführen; plausible Angaben reichen ihm im Regelfall zur antragsgemäßen Bearbeitung einer Steuererklärung aus. Besondere Überprüfungen werden nur in Einzelfällen angeordnet.

Außerdem tauschen die einzelnen Dienststellen der Finanzämter untereinander Erkenntnisse mit den sog. **Kontrollmitteilungen** aus. Auch erhalten sie von anderen Stellen Mitteilungen über mögliche steuerlich relevante Vorfälle.

Diese Möglichkeiten werden im folgenden dargestellt. Vor allem soll versucht werden, die verwaltungsinternen Schienen der Informationsweitergabe transparent zu machen.

B Erkenntnisquellen im Einzelfall

1 Der Einkommensbereich

1.1 Erwerbseinkommen der Lohnsteuerzahler

1.1.1 Die Hintergründe

Steuererklärungspflicht und Überprüfbarkeit

Die Abgabenordnung verpflichtet den einzelnen Bürger, Steuererklärungen abzugeben, sofern die einzelnen Steuergesetze (Einkommensteuergesetz, Vermögensteuergesetz usw.) dies vorsehen. Von der Menge der eingereichten Erklärungen aus gesehen, ist die Gruppe der Einkommensteuerpflichtigen die weitaus größte. Bekanntlich müssen alle natürlichen Personen dann eine Einkommensteuererklärung abgeben, wenn ihr zu versteuerndes Einkommen den Betrag von **27.000/54.000 DM pro Jahr,** abhängig vom Familienstand, **überschreitet.**

Eine Möglichkeit für die Finanzverwaltung, die umfassende Einhaltung dieser Verpflichtung zu überprüfen, besteht nicht. Sie würde voraussetzen, daß den Finanzämtern lückenlose Mitteilungen, z. B. über alle gezahlten Gehälter, Zinseinnahmen oder Honorarzahlungen zugesandt werden müssen. Hierfür besteht aber keine gesetzliche Grundlage. Die Finanzbehörde ist daher zunächst einmal auf den guten Willen des einzelnen angewiesen, will sie alle Steuerpflichtigen erfassen. Es ist durchaus möglich, daß z. B. ein Angestellter ein Jahresgehalt in Höhe von 120.000 DM erhält, er dem Finanzamt als mögliches Steuersubjekt aber unbekannt bleibt.

Solche „schwarzen Schafe" fallen regelmäßig nur dann auf, wenn die Tatsache, daß sie Einnahmen beziehen, zufällig bekannt wird.

Beispiel:
Programmierer A erhält von einer Computerfirma ein monatliches Gehalt von 10.000 DM. Steuererklärungen gibt er nicht ab. Nebenher erstellt er für den Software-Händler B Programme und wird hierfür gut bezahlt. Anläßlich einer Betriebsprüfung bei B erhält das für A zuständige Finanzamt Kenntnis von den Zahlungen und entdeckt den „neuen" Steuerpflichtigen.

Aber auch der dem Finanzamt bekannte Steuerpflichtige kann durchaus neben seinem Gehalt noch andere Einkunftsquellen ausschöpfen, sie aber aus den oben erwähnten Gründen durchaus vor der Steuerverwaltung geheim halten. Überprüfungen finden – wie erwähnt – im Regelfall nur bei nicht schlüssigen Angaben in Erklärungen statt; „Nebenjobs“ werden gelegentlich auch zufällig entdeckt.

Beispiel:
A macht in seiner Steuererklärung nicht nachvollziehbare Angaben zu Einnahmen aus der Vermietung eines ererbten Hauses. „Sein“ Finanzamt schickt einen Beamten zu ihm, der die Höhe der Mietzahlungen überprüfen soll. Dieser entdeckt beim Durchblättern der Kontoauszüge, daß A Nebeneinnahmen aus schriftstellerischer Tätigkeit hat.

1.1.2 Lohnsteueraußenprüfungen

Prüfung beim Arbeitgeber

Der normale Arbeitnehmer ist von Außenprüfungen der Finanzämter regelmäßig nur dann betroffen, wenn bei seinem Arbeitgeber eine Lohnsteueraußenprüfung durchgeführt wird. Solche Prüfungen finden bei den meisten Betrieben, die Lohn- und Gehaltsempfänger beschäftigen, regelmäßig statt. Das Finanzamt erhält von diesen Betrieben durch die Anmeldung und Zahlung der einzubehaltenden Lohnsteuer Kenntnis und entsendet seine Prüfer je nach Größe der Firma und der Zahl der bei ihr beschäftigten Arbeitnehmer mehr oder weniger häufig. Große Unternehmen werden so unter die Lupe genommen, daß keine prüfungsfreien Zeiten entstehen; bei der Sozialverwaltung (AOK) ist eine solche lückenlose Überprüfung übrigens die Regel.

Umfang der Prüfung

Der Arbeitgeber muß seine gesamte Lohnbuchhaltung, also alle Lohnkonten, aus denen sich sämtliche Zahlungen bzw. andere lohnsteuerpflichtige Leistungen ergeben, den Beamten vorlegen, § 42f EStG. Auch können diese alle Arbeitnehmer des Betriebs um Auskünfte über die Höhe ihrer Gehälter ersuchen, um so die Richtigkeit der Aufzeichnungen festzustellen. Die Prüfer kontrollieren, ob die Löhne vollständig erfaßt, ob die einzubehaltenden Lohnsteuerbeträge richtig berechnet und angemeldet wurden und achten auch darauf, ob alle sog. „lohnsteuerpflichtigen Vorteile“ beim Lohnsteuerabzug berücksichtigt worden sind. Hierunter versteht man z. B. regelmäßig gewährte Sachbezüge, also Teile des Gehalts, die unbar erbracht werden.

Häufigster Fall der Praxis ist das vom Arbeitgeber auch zur privaten Nutzung zur Verfügung gestellte Auto; in dieser Nutzungsmöglichkeit sieht die Finanzverwaltung einen steuerpflichtigen **„geldwerten Vorteil"** – schließlich erspart sich der Arbeitnehmer ein eigenes Fortbewegungsmittel. Ein anderes Beispiel für einen Sachbezug ist die kostenlos zur Verfügung gestellte Dienstwohnung (z. B. bei Hausmeistern).

Über diese Lohnzusatzleistungen erhält das für den einzelnen Arbeitnehmer zuständige Finanzamt meist eine Mitteilung – oft mit erstaunlichen Konsequenzen.

Beispiel:
Bei einer Automobilvertretung findet eine Lohnsteueraußenprüfung statt. Die Prüfer stellen fest, daß viele leitende Angestellte Firmenfahrzeuge auch zur privaten Benutzung zur Verfügung haben; die Nutzungsmöglichkeit ist korrekt in den Lohnkonten berücksichtigt, die entsprechende Lohnsteuer abgezogen. Trotzdem teilen die Beamten ihre Feststellungen den einzelnen Wohnortfinanzämtern mit. Diese entdecken, daß fast 80% der betreffenden Steuerpflichtigen zu Unrecht Werbungskosten für Fahrten zwischen Wohnung und Arbeitsstätte geltend gemacht haben. **Folge:** Steuernachforderungen in Höhe von fast 500.000 DM bei den Arbeitnehmern.

In unserem Beispielsfall gab es noch eine weitere besonders mißliche Folge für die Angestellten: gegen sie wurden Steuerstrafverfahren eingeleitet; alle mußten zumindest empfindliche Geldbußen zusätzlich zu den Nachsteuern zahlen.

Tip:

Vereinbaren Sie mit Ihrem Arbeitgeber, daß er Ihnen mitteilt, wenn sich Lohnsteuerprüfer des Finanzamts ansagen. Nehmen Sie dies zum Anlaß, Ihre Steuererklärungen für die Jahre des Prüfungszeitraums zu kontrollieren. Stellen Sie dabei Fehler fest – auch in Bereichen, die nichts mit Ihrer Arbeitsstelle zu tun haben – korrigieren Sie diese (wie man dies am besten macht und wie lange es möglich ist, erfahren Sie unten unter D!).

Bedenken Sie: Auch grob fahrlässig unrichtig abgegebene Steuererklärungen können zu Geldbußen führen, die vermeidbar sind, wenn Sie rechtzeitig berichtigen. Sie müssen immer mit Überprüfungen auch Ihrer eigenen – kompletten – Steuererklärung rechnen, wenn eine Lohnsteueraußenprüfung in Ihrer Firma ins Haus steht.

Übrigens: Ihr Arbeitgeber kann die „Warnung" gefahrlos abgeben. Es ist nicht verboten, die Tatsache, daß eine Lohnsteuerprüfung stattfindet, bekannt zu machen – schon gar nicht ist es strafbar.

1.2 Nebentätigkeiten von Lohnsteuerzahlern

1.2.1 Die gesetzlichen Möglichkeiten

Eine allgemeine Verpflichtung, Zahlungen oder andere Leistungen an Arbeitnehmer festzuhalten, existiert nicht. Dieser Grundsatz gilt auch für die Fälle, in denen Gehaltsempfänger aus anderen Quellen Bezüge erhalten.

Beispiel:
Lehrer A gibt nebenbei noch Unterricht an einer Volkshochschule. Eine gesetzliche Verpflichtung des Schulträgers, dem Wohnortfinanzamt des A Mitteilung über Art und Höhe der Vergütungen zu machen, besteht nicht.

In der Vergangenheit war es allerdings häufig so, daß öffentliche Arbeitgeber – also Schulen, Universitäten und andere Behörden – auch der Finanzverwaltung die erwähnten Sachverhalte offenbart haben; dies geschah aber freiwillig bzw. zum Teil aufgrund von Erlassen der Landesverwaltungen. Meist wurden Aufstellungen vorgelegt, aus denen alle Zahlungsempfänger und die Höhe der an sie geleisteten Honorare genau hervorgingen.

Die geplante Rechtsverordnung der Bundesregierung

Diese Praxis ruht in weiten Bereichen seit einigen Jahren. Auslöser hierfür war unter anderem die ständige Kritik der Datenschutzbeauftragten der Länder, die für die Anforderung und Erteilung von Informationen eine ausdrückliche Rechtsgrundlage verlangen. Eine solche Vorschrift besteht zwar: Der Gesetzgeber hat mit dem Steuerreformgesetz 1986 den § 93a AO geschaffen. Diese Norm ermöglicht es der Bundesregierung, eine Rechtsverordnung zu schaffen, die die Behörden verpflichten sollte, bestimmte Mitteilungen an die Finanzbehörden zu senden. Im einzelnen sollte berichtet werden über:

- Verwaltungsakte, die die Versagung oder Einschränkung einer steuerlichen Vergünstigung zur Folge haben oder dem Betroffenen steuerpflichtige Einnahmen ermöglichen
- Subventionen und ähnliche Förderungsmaßnahmen
- Anhaltspunkte für Schwarzarbeit, unerlaubte Arbeitnehmerüberlassung oder unerlaubte Ausländerbeschäftigung.

Weiter erlaubt die Vorschrift eine Mitteilungsverpflichtung über die Tatsache, daß an bestimmte Personen bestimmte Zahlungen geleistet worden sind. Erstaunlich hierbei ist, daß dem Finanzamt nicht etwa die Höhe der überwiesenen Beträge offenbart werden soll, sondern nur die Tatsache, daß gezahlt worden ist und aus welchem Grund. Andererseits sollte der Zahlungsempfänger eine Aufstellung auch über die Höhe seiner Vergütung erhalten. Das Gesetz hierzu wörtlich: „... zur Erleichterung seiner steuerlichen Aufzeichnungs- und Erklärungspflichten ...“(!). Der Gesetzgeber tritt also den Steuerzahlern sehr fürsorglich gegenüber ...

Man sollte vermuten, daß die Bundesregierung eine entsprechende Verordnung umgehend verabschiedet hätte. Vorgesehen war dies schon zum 1. 1. 1987. Seit dem letzten Jahr liegt sogar ein Referentenentwurf einer solchen Verordnung vor. Eine Expertenanhörung hat schon stattgefunden. Dennoch ist nicht damit zu rechnen, daß die Verordnung alsbald in Kraft treten wird. Auslöser für diesen Rückzieher der Finanzverwaltung war die massive Kapitalflucht, die die Einführung der kurzlebigen Quellensteuer begleitet hat. Der Bundesfinanzminister hierzu wörtlich in einer offiziellen Verlautbarung seiner Behörde: „Nach den schmerzvollen Erfahrungen mit wenigen Monaten „Quellensteuer“ werden wir das wiedergewonnene Vertrauen nicht durch die Einführung von Kontrollmitteilungen wieder aufs Spiel setzen“.

1.2.2 „Spontane“ Mitteilungen

Kontrollmöglichkeiten der Finanzämter im privaten Bereich

Natürlich ist auch der Finanzverwaltung bekannt, daß Nebentätigkeiten verbreitet an der Steuerverwaltung vorbei betrieben werden. Sie verfallen daher oft auf einen „Trick“: Bei potentiellen Arbeitgebern (z. B. Privatschulen, private Marktforschungsinstitute mit freiberuflichen Interviewern) werden die schon dargestellten Lohnsteueraußenprüfungen durchgeführt. Hierbei wird festgestellt, an wen Honorare gezahlt worden sind. Die Prüfer machen dann entsprechende Mitteilungen an die jeweils zuständigen Wohnsitzfinanzämter. Die möglichen Folgen sind oben beschrieben. Private Leistungsgeber – beispielsweise Vereine, Stiftungen oder Parteien – können – wie in der Praxis praktiziert – im übrigen freiwillig Aufstellungen über gezahlte Honorare an die Finanzbehörde übersenden.

Informationen durch Sozialbehörden

Sozialbehörden senden von sich aus keine Kontrollmitteilungen über ausgezahlte Sozialleistungen an das Finanzamt.

Beispiel:
A erhält Arbeitslosenunterstützung. Das Finanzamt erfährt hiervon durch die Arbeitsverwaltung nichts.

Auch die geplante Rechtsverordnung nach § 93a AO hätte hieran nichts geändert. Allein dann, wenn konkrete Anfragen an die Sozialbehörden gerichtet werden, müssen diese, wie jeder andere Dritte auch, Auskunft erteilen. Eine entsprechende Rechtsgrundlage findet sich in § 71 SGB–X.

Beispiel:
Das Finanzamt fragt beim Arbeitsamt an, ob A Unterstützung erhalten hat. Das Arbeitsamt muß die Anfrage beantworten.

Zweck des Auskunftsersuchens muß aber die „Sicherung des Steueraufkommens" sein. Unter Umständen muß die um Information gebetene Stelle zunächst klären, ob tatsächlich steuerliche Gründe eine Antwort notwendig machen.

Beispiel:
Steuerinspektor A ist sehr neugierig. Er möchte wissen, ob sein Nachbar B Sozialhilfe bezieht. Das Sozialamt darf natürlich keine Auskunft erteilen.

Spontane Mitteilungen von Sozialbehörden sind bei Sozialleistungen auch künftig nicht zu erwarten.

Beispiel:
Die BFA teilt nicht automatisch mit, daß A zum 1. 1. 1989 Rentner geworden ist und monatliche Rentenzahlungen erhält.

Anzeichen für Schwarzarbeit

Die geplante und aufs Eis gelegte neue Verordnung wollte alle Behörden verpflichten, Anhaltspunkte für Schwarzarbeit, unerlaubte Arbeitnehmerüberlassung oder die unerlaubte Beschäftigung von Ausländern unverzüglich dem Finanzamt mitzuteilen. Grund hierfür ist, daß im Bereich dieser „Schattenwirtschaft" Milliardenumsätze am Fiskus vorbei getätigt werden. Entsprechend hoch sind die Steuerausfälle, die durch einen Informationsaustausch aller Behörden möglichst gering gehalten werden sollten. Künftig ist allerdings – wie auch jetzt schon praktiziert – mit spontanen Mitteilungen der Arbeitsverwaltung, der Sozialversicherungsträger oder der Polizei zu rechnen, wenn Hinweise auf „steuerfreie" Tätigkeiten auftauchen – oft mit der Folge einer Steuerfahndungsprüfung.

1.2.3 Aushilfstätigkeiten

Aushilfstätigkeiten, die sich ausschließlich im privaten Bereich bewegen, bleiben dem Fiskus fast immer verborgen.

Beispiel:
Opernsänger A singt anläßlich von Trauungen stimmungsvolle Lieder.

Oder: Studentin B bessert ihre Ausbildungsbeihilfe durch Babysitting auf.

Oder: Hausfrau C putzt nebenbei bei ihren Nachbarn.

Es bestehen keinerlei Mitteilungspflichten; die Wahrscheinlichkeit, daß eine solche Nebenbeschäftigung ans Licht kommt, ist gleich Null.

Aus steuerlicher Sicht entgeht dem Finanzamt im Einzelfall auch kein großer Betrag: meist halten sich diese Beschäftigungsverhältnisse im Rahmen der Pauschalierungsmöglichkeiten. D. h. der Arbeitgeber könnte bei Löhnen, die 520 DM im Monat nicht überschreiten, durch Zahlung einer Pauschalsteuer von 15% des Entgelts seine steuerlichen Pflichten korrekt erfüllen (§ 40a EStG).

Oft wollen die Aushilfsbeschäftigten eine solche Anmeldung aber nicht. Sie befürchten, daß das Finanzamt daraus Rückschlüsse auf andere Beschäftigungen ziehen könnte, die sie ebenfalls nebenher ausüben – gerade Putzhilfen teilen ihre Arbeitsleistung auf mehrere Haushalte auf. Die Befürchtung ist zwar grundlos: Die Steueranmeldung erfolgt, ohne daß der Name des Beschäftigten angegeben wird. Andererseits könnte das Finanzamt dennoch Fragen über das offenbarte Beschäftigungsverhältnis stellen; dies soll vermieden werden.

Gefahren bei der Sozialversicherung

Trotzdem ist Vorsicht geboten: Bei der Sozialversicherung bestehen keinerlei Pauschalierungsmöglichkeiten, wenn eine Bagatellsumme (z. Z. 450 DM im Monat) überschritten wird. Dann ist das gesamte Einkommen aus Arbeitstätigkeiten sozialversicherungspflichtig. Für diese Beiträge haften **alle** Arbeitgeber als Gesamtschuldner, auch wenn sie von den anderen Arbeitsleistungen nichts wußten. Kranken- und Rentenversicherer können sich also an einen der Arbeitgeber halten.

1.3 Freiberufler und Gewerbetreibende

1.3.1 Die Hintergründe

Bei dieser Personengruppe prüft das Finanzamt eingehende Steuererklärungen wesentlich genauer. Lohnsteuerzahler können, abgesehen von zusätzlichen Einnahmen aus irgendwelchen Nebentätigkeiten, normalerweise keine Vergütungen erhalten, von denen keine Lohnsteuer abgezogen wird. Hier ist der Arbeitgeber also eine Art verlängerter Arm des Finanzamts.

Anders bei den gewerblich oder selbständig Tätigen. Diese beziehen Honorare oder erhalten Bezahlungen für gelieferte Waren bzw. erbrachte Arbeiten. Zwar müssen sie diese Einnahmen versteuern. Ob aber die Angaben in den Erklärungen richtig sind, kann man nicht auf den ersten Blick erkennen. Das Finanzamt weiß häufig zunächst einmal nur, daß tatsächlich ein Gewerbebetrieb eröffnet worden ist. Eine Kopie der Gewerbeanmeldung wird durch das Gewerbeamt der Gemeinde in jedem Fall an das örtliche Finanzamt weitergegeben. Dieses muß dann seinerseits die steuerlichen Konsequenzen ziehen und überwachen, ob Steuererklärungen eingereicht werden bzw. überprüfen, ob diese Erklärungen auch richtig sind.

Betriebsprüfungen

Die Finanzverwaltung kann eine Betriebsprüfung ansetzen. Die Rechtsgrundlage ergibt sich aus § 193 Abs. 1 AO: „Eine Außenprüfung ist zulässig bei Steuerpflichtigen, die einen gewerblichen . . . Betrieb unterhalten oder die freiberuflich tätig sind.“

Ob im Einzelfall eine Betriebsprüfung durchgeführt wird, richtet sich nach der steuerlichen Bedeutung, die das Finanzamt ihm beimißt. Zunächst werden alle Unternehmen in sog. **Betriebsgrößenklassen** eingeteilt. Man unterscheidet dabei:

- Großbetriebe
- Mittelbetriebe
- Kleinbetriebe und
- Kleinstbetriebe.

Unterscheidungsmerkmal ist die Höhe des Umsatzes bzw. des Gewinns. Einzelheiten ergeben sich aus folgendem **Schaubild**:

Betriebsart	Betriebsmerkmale	Großbetriebe DM	Mittelbetriebe DM	Kleinbetriebe DM	Kleinstbetriebe
Handelsbetriebe	Gesamtumsatz oder Gewinn	über 9,27 Mio. über 309.000	über 1,03 Mio. über 62.000	über 190.000 über 36.000	alle übrigen
Fertigungsbetriebe	Gesamtumsatz oder Gewinn	über 5,15 Mio. über 258.000	über 515.000 über 62.000	über 190.000 über 36.000	
Freie Berufe	Gesamtumsatz oder Gewinn bzw. Betriebseinnahmen aus freiberuflicher Tätigkeit oder Gewinn	über 5,15 Mio. über 721.000	über 927.000 über 155.000	über 190.000 über 36.000	
Andere Leistungsbetriebe	Gesamtumsatz oder Gewinn	über 6,18 Mio. über 309.000	über 824.000 über 62.000	über 190.000 über 36.000	
Kreditinstitute	Aktivvermögen oder Gewinn	über 100 Mio. über 600.000	über 30 Mio. über 200.000	über 10 Mio. über 50.000	
Versicherungsunternehmen	Jahresprämieneinnahmen	über 30 Mio.	über 5 Mio.	über 2 Mio.	
Land- und forstwirtschaftliche Betriebe	Wert der selbstbewirtschafteten Fläche oder Gewinn	über 225.000 über 120.000	über 100.000 über 60.000	über 40.000 über 36.000	

Prüfungsdienststellen

Nicht jedes Finanzamt hat eine eigene Außenprüfungsdienststelle. Diese sind meist bei einzelnen Ämtern für mehrere Finanzamtsbereiche konzentriert. Je nach Art und Größe des zu prüfenden Betriebs können auch verschiedene Prüfungsdienste tätig werden. Man unterscheidet:

- die **Groß- und Konzernbetriebsprüfungsstelle,** die nur Großbetriebe prüft; einzelne Prüfer sind bei besonders großen Firmen ausschließlich mit einem einzigen Fall beschäftigt
- die **Bezirksbetriebsprüfungsstellen,** die alle anderen Firmen prüfen können
- in Einzelfällen kann auch die **Steuerfahndung** eine richtige Betriebsprüfung durchführen; im Hinblick auf die Überlastung dieser Stellen mit Steuerstrafverfahren kommt eine solche Prüfung in der Praxis aber nicht vor
- schließlich die **„betriebsnahe Veranlagung"** (bnV); hierbei handelt es sich nicht um eine echte Außenprüfungsstelle, vielmehr kann der

Innendienstbeamte Sachverhalte, die vom Schreibtisch aus nicht aufzuklären sind, an einen Kollegen abgeben; dieser ist also nur eine Art verlängerter Arm des Innendienstes und überprüft z. B. häusliche Arbeitszimmer.

Prüfungshäufigkeit

Je größer der Betrieb, desto häufiger wird er geprüft. Großbetriebe unterliegen einer lückenlosen Prüfung. Je kleiner das Unternehmen, desto seltener erscheint ein Betriebsprüfer: Er kommt

- bei Mittelbetrieben etwa alle **9 Jahre**
- bei Kleinbetrieben etwa alle **18 Jahre**
- bei Kleinstbetrieben etwa alle **53 Jahre,**

wobei diese Zeiträume je Bundesland unterschiedlich sind.

Relativ wenige Betriebe sind tatsächlich Großbetriebe; es entstehen also bei den meisten gewerblich oder freiberuflich Tätigen prüfungsfreie Zeiträume.

Prüfungskriterien

Bevor das Finanzamt eine Betriebsprüfung ansetzt, beurteilt es die Wahrscheinlichkeit, daß Steuernachforderungen aufgedeckt werden können. Hierzu zieht der Finanzbeamte zunächst einmal den Inhalt der vorliegenden Steuererklärungen heran. Die Finanzverwaltung hat für alle Geschäftszweige sog. **Richtsatzsammlungen** erstellt. Im Bundesgebiet gibt es vier verschiedene regional abgegrenzte Richtsatzbereiche: Nordwest, West, Süd und Berlin.

Aus diesen Übersichten ergibt sich ein statistischer Durchschnittswert für das Verhältnis zwischen Umsatz und Gewinn. Er wird aus den Zahlenangaben einer Vielzahl von vergleichbaren Betrieben gewonnen. Weicht dieser Wert, wie er sich aus den eingereichten Erklärungen ergibt, von dem Wert laut Richtsatzsammlung ab, ist dies zunächst einmal ungewöhnlich und könnte auf eine nicht vollständige Erfassung der Einnahmen bzw. Umsätze schließen lassen.

Beispiel:
Rechtsanwalt A hat einen Umsatz von 1 Mio. im Jahr erklärt. Nach seiner Berechnung ergibt sich ein Gewinn von nur 200.000 DM. Nach der Richtsatzsammlung müßte er aber bei etwa 50% des Umsatzes liegen.

Eine solche Abweichung kann einfache Ursachen haben.

Beispiel:
Rechtsanwalt A beschränkt sich hauptsächlich darauf, neue Mandanten anzuwerben und macht häufig Urlaub. Die Bearbeitung der Mandate überläßt er vollständig seinen qualifizierten Mitarbeitern, die er hierfür fürstlich entlohnt.

Dennoch wird der Finanzbeamte einen solchen Fall eher zur Prüfung vorsehen, als einen anderen, bei dem die Richtsatzwerte eingehalten werden.

Tip:

Bevor Sie als Gewerbetreibender oder Freiberufler eine Steuererklärung abgeben, führen Sie – zusammen mit Ihrem Steuerberater – eine **Vergleichs- und Plausibilitätsprüfung** durch. Weichen die von Ihnen erklärten Zahlen von den Durchschnittswerten ab oder ergeben sich andere Ungereimtheiten, sollten Sie das Finanzamt von sich aus auf die hierfür bestehenden Ursachen hinweisen. Sie ersparen sich damit u. U. eine Betriebsprüfung. Die Erklärungsversuche sollten natürlich nachvollziehbar und in sich schlüssig sein.

Indizien für eine bevorstehende Betriebsprüfung

Trotz plausibler und schlüssiger Steuererklärungen kann das Finanzamt bei jedem Betrieb eine Prüfung anordnen; insoweit hat die Verwaltung einen Ermessensspielraum. Häufig kann man den bevorstehenden Besuch eines Betriebsprüfers an der Behandlung der bereits abgegebenen Steuererklärungen ablesen.

Steuerfestsetzungen erfolgen – Großbetriebe einmal ausgenommen – grundsätzlich endgültig, d. h. sie können nur noch unter eng umgrenzten Voraussetzungen geändert werden. Steuerfestsetzungen, die Mittel-, Klein- und Kleinstbetriebe betreffen, können aber auch **vorbehaltlich einer späteren Nachprüfung** vorgenommen werden. Eine solche Möglichkeit schafft § 164 AO. Hierauf wird in den entsprechenden Steuerbescheiden ausdrücklich hingewiesen. Änderungen dieser Verwaltungsakte sind jederzeit möglich. Die Nachprüfung soll – nicht muß – innerhalb von zwei Jahren durchgeführt werden.

Tip:

Eine Steuerfestsetzung unter dem Vorbehalt der Nachprüfung gem. § 164 AO ist bei den genannten Betrieben ein relativ deutliches Anzeichen für eine vorgesehene Betriebsprüfung. Erhalten Sie also einen Steuerbescheid, der den Vermerk trägt **„Steuerfestsetzung unter dem Vorbehalt der Nachprüfung“**, können Sie mit einer Betriebsprüfung in naher Zukunft rechnen.

Diese Prüfung muß aber nicht durchgeführt werden, es besteht nur eine relativ hohe Wahrscheinlichkeit hierfür. In der Praxis kann man feststellen, daß die Zahl der Vorbehaltsfestsetzungen wesentlich über der der tatsächlich geprüften Betriebe liegt. Hauptgrund hierfür ist die nicht ausreichende Zahl der Außenprüfer bei den Finanzämtern. Bei den Firmen, bei denen die genannten Festsetzungen erfolgen, werden primär die Fälle geprüft, bei denen die Aktenlage auf Unregelmäßigkeiten schließen läßt. Es zeigt sich also wieder einmal, wie wichtig **plausible Angaben** in Steuererklärungen sind.

Umfang der Prüfung

Der Prüfungszeitraum erstreckt sich regelmäßig über die letzten drei Jahre, für die Steuererklärungen abgegeben worden sind. Dies folgt aus einer verwaltungsinternen Verordnung, der Betriebsprüfungsordnung (BpO).

Beispiel:
Rechtsanwalt A hat im Mai 1989 seine Steuererklärungen bis einschließlich 1987 abgegeben. Das Finanzamt prüft normalerweise nur die Jahre 1985, 1986 und 1987, wenn es jetzt eine Prüfung ansetzt.

Ausnahmen von diesem Grundsatz:

- Besteuerungsgrundlagen können nicht ohne Erweiterung des Prüfungszeitraums festgestellt werden.

Beispiel:
A macht 1985 einen Verlust steuermindernd geltend, den er im Jahr 1984 erlitten haben will. Das Finanzamt darf auch 1984 mit überprüfen.

- Nach Feststellungen des Prüfers ist mit nicht unerheblichen Steuernachforderungen auch für die Vorzeit zu rechnen; der Mindestbetrag muß hier bei 3.000 DM liegen.

Beispiel:
A hat Kunden in Frankreich und macht hohe Auslandsumsätze. Die Buchhalterin X berücksichtigt diese Umsätze zu Recht nicht bei den Umsatzsteuererklärungen. Sie vergißt aber in mehreren Jahren, die entsprechenden Einnahmen bei der Gewinnermittlung zu erfassen.

- Der Verdacht einer Steuerstraftat oder -ordnungswidrigkeit ist gegeben.

Beispiel:
Der Prüfer stellt fest, daß A seit fünf Jahren ein Bankkonto unterhält, das nicht in der Buchhaltung erfaßt ist und auf das erhebliche Betriebseinnahmen eingezahlt werden. Die Prüfung darf auf diese fünf Jahre erstreckt werden.

So wird die Prüfung durchgeführt

Der Außenprüfer des Finanzamts erscheint nicht unangemeldet. Er übersendet einige Zeit – meist etwa einen Monat – vorher eine „Prüfungsanordnung", aus der sich die näheren Umstände der Prüfung (genauer Prüfungsbeginn, Name des Prüfers, zu prüfende Jahre und Steuerarten) ergeben.

Tip:

Wenn Sie eine Prüfungsanordnung erhalten, sprechen Sie Ihren Steuerberater sofort hierauf an und kontrollieren Sie die zu prüfenden Jahre. Noch ist ggf. Zeit für eine **Selbstanzeige** (s. Abschn. D).

Der Prüfer besteht normalerweise darauf, im geprüften Unternehmen tätig zu werden. Hier ist die Buchhaltung schnell greifbar, und hier kann er ohne Verzögerung Auskünfte zu bestimmten Vorfällen bekommen. Bei dem Steuerberater der Firma wird er nur dann aktiv, wenn bei dieser keine Unterbringungsmöglichkeit besteht. Die Rechtsprechung verpflichtet den Geprüften im übrigen, den Prüfer, wenn irgend möglich, im Unternehmen tätig werden zu lassen.

Tip:

Seien Sie **freundlich** zu dem Betriebsprüfer – er kommt nicht zu Ihnen, um Sie zu ärgern, sondern tut nur seine Pflicht. Stellen Sie ihm ein zumutbares Büro zur Verfügung und ermöglichen Sie den Zugang zu Büromaschinen (Telefon, Kopierer). Sie können ihm auch durchaus Erfrischungen (Kaffee etc.) anbieten. Sprechen Sie mit Ihrem Steuerberater, wenn Sie Zweifel haben, wie Sie den Beamten richtig behandeln sollen.

Die folgende Prüfungsanordnung ist nur beispielhaft und nicht amtlich. Die Vorderseite des Vordrucks (S. 31) ist nämlich nicht bundeseinheitlich gestaltet.

Finanzamt

Prüfungsanordnung

Datum
Fernsprecher/Durchwahl
Steuernummer
Auftragsbuch-Nr
Bei Antwort bitte angeben

Betreff

Anordnung einer Außenprüfung

Sehr geehrte

Zur Ermittlung der Besteuerungsgrundlagen ist bei Ihnen auf Grund der §§ 193, 194, 195 und 196 der Abgabenordnung eine Außenprüfung durchzuführen.

Bei dieser Prüfung sind die tatsächlichen und rechtlichen Verhältnisse, die für die Steuerpflicht und für die Bemessung der Steuer maßgebend sind, zu ermitteln. Geprüft werden:

- ☐ Einkommensteuer
- ☐ Körperschaftsteuer
- ☐ Gewinnfeststellungen
- ☐ Gewerbesteuer
- ☐ Umsatzsteuer
- ☐ Einheitliche und gesonderte Feststellung der Einkünfte aus

  19 .... bis 19 ....

- ☐ Gesonderte Feststellung von Teilbeträgen des verwendbaren Eigenkapitals (§ 47 KStG) 19 .... bis 19 ....
- ☐ Einheitswert des Betriebsvermögens
- ☐ Vermögensteuer

  1. 1. 19 .... bis 1. 1. 19 ....

- ☐ Anteilsbewertung 31. 12. 19 .... bis 31. 12. 19 ....
- ☐ Grunderwerbsteuer
- ☐ Investitionszulage
- ☐ ....
- ☐ ....

Bei der Prüfung wird auch auf Sachverhalte geachtet werden, die für andere Steuerarten von Bedeutung sein können.

Voraussichtlicher Prüfungsbeginn

Vorgesehene(r) Prüfer (Amts-/Dienstbezeichnung, Name, Dienststelle)

Sollte aus dienstlichen Gründen der Prüfungsbeginn verlegt oder ein anderer Prüfer beauftragt werden müssen, wird Ihnen dies mitgeteilt werden.

Hochachtungsvoll

Im Auftrag

Ihre wesentlichen Rechte und Mitwirkungspflichten bei der Außenprüfung

Die Außenprüfung soll dazu beitragen, daß die Steuergesetze gerecht und gleichmäßig angewendet werden; deshalb ist auch zu Ihren Gunsten zu prüfen (§ 199 Abgabenordnung — AO —).

Beginn der Außenprüfung

Wenn Sie wichtige Gründe gegen den vorgesehenen Zeitpunkt der Prüfung haben, können Sie beantragen, daß ihr Beginn hinausgeschoben wird (§ 197 Abs. 2 AO). Wollen Sie wegen der Prüfungsanordnung Rückfragen stellen, wenden Sie sich bitte an die prüfende Stelle und geben Sie hierbei den Namen des Prüfers an. Über den Prüfungsbeginn sollten Sie ggf. Ihren Steuerberater unterrichten.

Der Prüfer wird sich zu Beginn der Außenprüfung unter Vorlage seines Dienstausweises bei Ihnen vorstellen (§ 198 AO).

Ablauf der Außenprüfung

Haben Sie bitte Verständnis dafür, daß Sie für einen reibungslosen Ablauf der Prüfung zur Mitwirkung verpflichtet sind. Sie können darüber hinaus auch sachkundige Auskunftspersonen benennen.

Legen Sie bitte dem Prüfer Ihre Aufzeichnungen, Bücher, Geschäftspapiere und die sonstigen Unterlagen vor, die er benötigt, erteilen Sie ihm die erbetenen Auskünfte und erläutern Sie ggf. die Aufzeichnungen (§ 200 Abs. 1 AO).

Stellen Sie ihm zur Durchführung der Außenprüfung bitte einen geeigneten Raum oder Arbeitsplatz sowie die erforderlichen Hilfsmittel unentgeltlich zur Verfügung (§ 200 Abs. 2 AO).

Werden die Unterlagen nur in Form der Wiedergabe auf einem Datenträger aufbewahrt, kann der Prüfer verlangen, daß Sie auf Ihre Kosten diejenigen Hilfsmittel zur Verfügung stellen, die zur Lesbarmachung erforderlich sind, bzw. daß Sie auf Ihre Kosten die Unterlagen unverzüglich ganz oder teilweise ausdrucken oder ohne Hilfsmittel lesbare Reproduktionen beibringen (§ 147 Abs. 5 AO).

Über alle Feststellungen von Bedeutung wird Sie der Prüfer während der Außenprüfung unterrichten, es sei denn, Zweck und Ablauf der Prüfung werden dadurch beeinträchtigt (§ 199 Abs. 2 AO).

Ergebnis der Außenprüfung

Wenn sich die Besteuerungsgrundlagen durch die Prüfung ändern, haben Sie das Recht auf eine Schlußbesprechung. Sie erhalten dabei Gelegenheit, einzelne Prüfungsfeststellungen nochmals zusammenfassend zu erörtern (§ 201 AO).

Über das Ergebnis der Außenprüfung ergeht bei Änderung der Besteuerungsgrundlagen ein schriftlicher Prüfungsbericht, der Ihnen auf Antrag vor seiner Auswertung übersandt wird. Zu diesem Bericht können Sie Stellung nehmen (§ 202 AO).

Rechtsbehelfe können Sie allerdings nicht gegen den Bericht, sondern nur gegen die aufgrund der Außenprüfung ergehenden Steuerbescheide einlegen.

Wird bei Ihnen eine abgekürzte Außenprüfung durchgeführt, findet eine Schlußbesprechung nicht statt (§ 203 AO). Anstelle des schriftlichen Prüfungsberichts erhalten Sie spätestens mit den Steuer-/Feststellungsbescheiden eine schriftliche Mitteilung über die steuerlich erheblichen Prüfungsfeststellungen.

Ablauf der Außenprüfung beim Verdacht einer Steuerstraftat oder einer Steuerordnungswidrigkeit

Ergibt sich während der Außenprüfung der Verdacht einer Steuerstraftat oder einer Steuerordnungswidrigkeit gegen Sie, so dürfen hinsichtlich des Sachverhalts, auf den sich der Verdacht bezieht, die Ermittlungen bei Ihnen erst fortgesetzt werden, wenn Ihnen die Einleitung eines Steuerstraf- oder Bußgeldverfahrens mitgeteilt worden ist (vgl. § 397 AO). Soweit die Prüfungsfeststellungen auch für Zwecke eines Steuerstraf- oder Bußgeldverfahrens verwendet werden können, darf Ihre Mitwirkung bei der Aufklärung der Sachverhalte nicht erzwungen werden (§ 393 Abs. 1 Satz 2 AO). Wirken Sie bei der Aufklärung der Sachverhalte nicht mit (vgl. §§ 90, 93 Abs. 1, 200 Abs. 1 AO), können daraus allerdings im Besteuerungsverfahren für Sie nachteilige Folgerungen gezogen werden; ggf. sind die Besteuerungsgrundlagen zu schätzen, wenn eine zutreffende Ermittlung des Sachverhalts deswegen nicht möglich ist (§ 162 AO).

Rechtsbehelfsbelehrung

Sie können gegen diese Prüfungsanordnung den Rechtsbehelf der Beschwerde einlegen. Die Beschwerde ist bei dem Finanzamt, das die Prüfungsanordnung erlassen hat, schriftlich oder zur Niederschrift zu erklären.

Die Frist für die Einlegung des Rechtsbehelfs beträgt einen Monat (§ 355 Abs. 1 AO). Sie beginnt mit Ablauf des Tages, an dem Ihnen die Prüfungsanordnung bekanntgegeben worden ist. Bei Zusendung durch einfachen Brief oder Zustellung durch eingeschriebenen Brief gilt die Bekanntgabe mit dem dritten Tag nach Aufgabe zur Post als bewirkt, es sei denn, daß die Prüfungsanordnung zu einem späteren Zeitpunkt zugegangen ist (§ 122 Abs. 2 AO, § 4 VwZG). Bei Zustellung mit Postzustellungsurkunde bzw. gegen Empfangsbekenntnis ist Tag der Bekanntgabe der Tag der Zustellung (§§ 3, 5 VwZG).

Bei der Einlegung des Rechtsbehelfs soll angegeben werden, inwieweit die Prüfungsanordnung angefochten und ihre Aufhebung beantragt wird. Ferner sollen die Tatsachen, die zur Begründung dienen und die Beweismittel angeführt werden.

Mitwirkungspflichten

§ 200 Abs. 1 AO verpflichtet denjenigen, bei dem eine Außenprüfung stattfindet, zur umfassenden Mitwirkung bei den Prüfungshandlungen. Die Vorschrift wiederholt damit den allgemeinen Grundsatz der Mitwirkungsverpflichtung des Steuerpflichtigen. Sie nennt als dessen besondere Aufgabe die Obliegenheit, gewünschte Auskünfte zu erteilen, die für die Durchführung der Prüfung von Bedeutung sind.

Auch müssen Geschäftsunterlagen (Buchhaltung, Geschäftsbriefe etc.) uneingeschränkt vorgelegt werden. (Beispiel: B muß dem Prüfer alle Unterlagen über den Biereinkauf zugänglich machen.)

Weigert sich der Steuerpflichtige, dem Auskunftsersuchen nachzukommen, kann die Verwaltung die erwähnten Zwangsmittel (Zwangsgelder) benutzen oder versuchen, die Informationen auf andere Art zu bekommen. (Beispiel: Prüfer A befragt Gäste der B über den Bierpreis.)

Auskunftspflichtig ist zunächst nur die geprüfte Person; die Finanzverwaltung darf auch zunächst nur an diese herantreten. (Beispiel: Prüfer A darf das Bedienungspersonal nicht über den Bierpreis befragen.)

Primäre Informationsquelle ist immer der Steuerpflichtige selbst. Erst wenn dieser keine erschöpfende Auskunft erteilt oder hierzu nicht in der Lage ist, darf sich der Prüfer an andere Betriebsangehörige wenden.

Beispiel:
Prüfer A hat mehrfach versucht, Wirtin B zu befragen. Diese war aber immer so angetrunken, daß sie ihm nicht weiterhelfen konnte. A darf jetzt direkt Fragen an Kellner und Kellnerinnen richten.

Der geprüfte Steuerpflichtige darf seine Auskunftspflichten im übrigen auch delegieren, wenn er nicht ständig selbst „belästigt“ werden will.

Beispiel:
Wirtin B beauftragt ihren Buchhalter D, dem Prüfer Rede und Antwort zu stehen. Hier ist D der Hauptansprechpartner des A.

Allerdings sollte man nicht verschweigen, daß sich viele Prüfer nicht an diese „Rangfolge“ halten, sondern jeden Betriebsangehörigen nach Bedarf befragen. Dies kann zu Problemen führen.

Beispiel:
Kellner K erklärt dem Prüfer A auf Befragen wahrheitswidrig, Wirtin B deklariere ihre Einnahmen nicht vollständig und verschweige die

Umsätze aus dem Verkauf von Flaschenbier. Auch verbuche sie keine Einnahmen aus der Vermietung einiger Einzelzimmer. A alarmiert die Steuerfahndung.

Tip:

„Unkontrollierte" Auskünfte des Personals sollte man vermeiden. Auch wenn überhaupt kein Anlaß dafür besteht, können ungewollt unrichtige Angaben der Angestellten zu mißlichen steuerlichen Folgen (Einschalten der Steuerfahndung, Erweiterung des Prüfungszeitraums) führen. Vereinbaren Sie daher mit dem Prüfer ausdrücklich, daß er **Fragen nur an Sie** oder an einen von Ihnen ausdrücklich beauftragten Mitarbeiter richtet.

Grenzen der Mitwirkungspflicht

Genau wie bei dem „normalen" Besteuerungsverfahren bestehen durchaus Grenzen bei der Verpflichtung, an Betriebsprüfungen mitzuwirken. Auch hier sind Auskunftsverlangen nur dann zulässig, wenn sie **notwendig, erfüllbar** und **verhältnismäßig** sind. Es gelten die gleichen Grundsätze wie beim allgemeinen Auskunftsverlangen des Finanzamts; dies betrifft auch das Problem möglicher Auskunftsverweigerung.

Abschluß der Prüfung

Wegen der Vielzahl der prüfungswürdigen Fälle sind die Außendienstbeamten der Finanzverwaltung bestrebt, schnell zu prüfen. Ist die Prüfungstätigkeit beendet, findet meist eine **Schlußbesprechung** statt. Hieran nehmen der Prüfer, sein Vorgesetzter, der Geprüfte und dessen Steuerberater teil; die Prüfungsfeststellungen werden besprochen. Der Außenprüfer erstellt dann einen **Schlußbericht**, der später vom Verwaltungsinnendienst ausgewertet wird. Wenn sich Änderungen in den Besteuerungsgrundlagen ergeben haben, ergehen neue Steuerbescheide.

Andere Prüfungsmöglichkeiten

Die erwähnte Vorschrift des § 193 Abs. 2 Ziffer 2 AO eröffnet der Finanzverwaltung im übrigen noch generalklauselartig eine Möglichkeit, Betriebsprüfungen bei anderen Personen durchzuführen. Diese sind zugelassen, wenn „die für die Besteuerung erheblichen Verhältnisse der Aufklärung bedürfen und eine Prüfung an Amtsstelle ... nicht zweckmäßig ist". Hauptanwendungsfall hierfür: die Prüfung von nicht gewerblich oder freiberuflich tätigen Ehegatten.

Beispiel:
Bei Unternehmensberater A soll eine Betriebsprüfung stattfinden. Seine Ehefrau ist Hausfrau, erzielt aber Einnahmen aus einem Haus, das einer Erbengemeinschaft gehört; außerdem hat sie Kapitalerträge. Bei ihr wird regelmäßig eine Betriebsprüfung nach der genannten Vorschrift angesetzt.

1.3.2 Betriebsprüfungen bei Geschäftspartnern und ihre Gefahren

Grundlage für Kontrollmitteilungen

Die Dienststellen der Finanzverwaltung pflegen untereinander in allen möglichen steuerlichen Bereichen einen regen Informationsaustausch. Teilweise meinen Steuerrechtler, dies sei unzulässig; es fehle an einer entsprechenden Rechtsgrundlage. Da das Bundesverfassungsgericht zum Problem der informationellen Selbstbestimmung, also dem Recht, die eigenen Daten nur aufgrund besonderer gesetzlicher Bestimmung offenbaren zu müssen, eine sehr einschränkende Rechtsmeinung vertritt, handele die Finanzverwaltung rechtswidrig.

Für den betroffenen Bürger hat diese Rechtsauffassung allerdings keine direkte Folge: Die Finanzämter handeln in der Praxis so, als stünde ihnen ein Recht zum umfassenden Informationsaustausch zu. Die Beamten begründen dies meist zu Recht mit dem schon erwähnten Grundsatz des § 85 AO: Die Finanzverwaltung soll eine gleichmäßige Besteuerung sichern. Hierzu sei ein Informationsaustausch unumgänglich.

Im Bereich der Betriebsprüfung stellt sich diese Rechtsfrage nicht. Hier gibt es nämlich eine ausdrückliche gesetzliche Grundlage in der Abgabenordnung: § 195 Abs. 3 AO. Stellt ein Außenprüfer im Rahmen seiner Tätigkeit Umstände fest, die für die steuerlichen Verhältnisse Dritter – also nicht des Geprüften – von Bedeutung sein können, darf er diese Feststellungen an andere Dienststellen der Finanzbehörde **weitergeben.** Diese werten die Erkenntnisse dann aus.

Beispiel:
Prüfer A führt eine Betriebsprüfung bei der B-GmbH durch. Er stellt dabei fest, daß Rechtsanwalt C von dieser Firma aufgrund eines Beratungsvertrages monatlich 2.000 DM erhält. Der Prüfer darf hiervon eine Mitteilung an das Finanzamt machen, das für die Besteuerung des C zuständig ist.

Die Weitergabe geschieht auf einem amtlichen Vordruck.

Finanzamt ....

Kontrollmitteilung

Zu den Steuerakten des - der ....
(Name, Vorname)

....
(genaue Anschrift)

Der - die vorgenannte Steuerpflichtige hat von: ....
(Name, Vorname)

....
(genaue Anschrift)

nachstehende Zahlungen - Lieferungen erhalten:

Zahlungstag oder Rechnungsdatum	Betrag der Zahlung oder Rechnung		Art der Zahlung (bar, Bank, Gegenrechnung usw.)	Gegenstand des Geschäfts, für das das Entgelt gezahlt wurde oder Bezeichnung der gelieferten Waren
	DM	Pf.		

Urschriftlich dem Finanzamt

- -

zur steuerlichen Auswertung

.........................., den ....

der Oberfinanzdirektion

- -

Finanzamt ....

Im Auftrag

....

E 16 · 7.72

Gefahren der Kontrollmitteilungen

Oft führen solche Mitteilungen dazu, daß nicht versteuerte Geschäftsvorfälle aufgedeckt werden.

Beispiel:
Rechtsanwalt C versteuert die monatlichen Beratungshonorare, die er von der B-GmbH erhält, nicht.

Folge: Die zusätzlichen Einnahmen werden der Versteuerung unterworfen.

Außerdem: Regelmäßig wird ein Ermittlungsverfahren wegen Steuerhinterziehung eingeleitet, es drohen empfindliche Strafen. In besonders gelagerten Fällen kann sich sogar die Steuerfahndung einschalten und die ganze Einnahmeseite eines Steuerpflichtigen überprüfen.

Beispiel:
Unternehmensberater C erklärt jährliche Umsätze von 50.000 DM. Ein Prüfer hat aber festgestellt, daß er allein von der B-GmbH Beratungshonorare von 60.000 DM erhalten hat. Bei diesem offenkundigen Mißverhältnis wird fast immer die Steuerfahndung aktiv. Sie beschlagnahmt dann meist die Geschäftsunterlagen, durchsucht bei den Banken des C und überprüft alle Besteuerungsgrundlagen akribisch genau.

Tip:

Wie oben bereits erwähnt, ist eine Vereinbarung mit dem Arbeitgeber, eine bevorstehende Lohnsteueraußenprüfung anzukündigen, zulässig. Gleiches gilt, wenn eine „normale" Betriebsprüfung zu erwarten ist. Sie können mit Ihrem Geschäftspartner vereinbaren, daß Sie sich **gegenseitig** von solchen Maßnahmen des Finanzamts **unterrichten.**

Erfahren Sie von einer Außenprüfung, sollten und können Sie Ihre Steuererklärungen überprüfen und immer noch gefahrlos **korrigieren** (s. Abschn. D). Sie müssen nur die Steuer nachzahlen, die sich aufgrund der Korrektur ergibt.

Ausführlich mit Fragen der **Betriebsprüfung** beschäftigt sich im übrigen das Buch *Bilsdorfer/Weyand*, **Der Steuerprüfer kommt – was tun?,** ebenfalls im WRS-Verlag erschienen.

1.3.3 Mitteilungen öffentlicher und privater Auftraggeber

Über Mitteilungspflichten privater und öffentlicher Auftraggeber gilt dasselbe, was oben über Unterrichtungspflichten im Arbeitnehmerbereich gesagt worden ist.

Privatpersonen und Firmen sind nicht verpflichtet, der Finanzverwaltung von sich aus Kenntnisse über Geschäftspartner weiterzugeben.

Im öffentlichen Bereich ist dies anders. Momentan ist zwar der Informationsaustausch etwas eingeschränkt; die Behörden und Gemeinden warten die erwähnte Rechtsverordnung zu § 93a AO ab. Darüber hinaus existieren aber verschiedene landesinterne Regelungen; diese verpflichten jeden öffentlichen Auftraggeber, bereits die Auftragserteilung an private Unternehmen der Finanzbehörde anzuzeigen. Dies kann erhebliche Folgen mit sich bringen.

Beispiel:
Bauunternehmer A kann seine Steuern nicht mehr bezahlen. Sein Finanzamt versucht vergeblich, Guthaben auf seinem Geschäftskonto zu pfänden. Mittlerweile gelingt es A, bei der Gemeinde B einen Auftrag zu erhalten; er bittet den Bürgermeister, die Rechnungssumme nicht auf das Geschäftskonto, sondern auf das Konto seiner Ehefrau zu überweisen. Die Gemeinde B macht Mitteilung hiervon an das Finanzamt; dieses pfändet den Zahlungsanspruch, bevor alle Forderungen des A beglichen sind und befriedigt so seine Steueransprüche. A hat also gearbeitet und erhält dennoch keine Gegenleistung – die Tilgung der Steuerrückstände natürlich ausgenommen.

Möglichkeiten, solche Maßnahmen des Finanzamts zu verhindern, gibt es nicht. Allerdings gehen Pfändungen der Verwaltung oft ins Leere, weil die Ansprüche, die gepfändet werden sollen, an Banken oder andere Kreditgeber abgetreten sind.

2 Erben und Erwerben

2.1 Grundstückskäufe

Der Fiskus ist nicht nur an steuerpflichtigen Einnahmen aus Arbeitsleistungen interessiert. Ihn interessiert auch die übrige Vermögensentwicklung des Steuerpflichtigen. Hierzu zählt der gesamte Bereich des Erwerbs bzw. der Veräußerung von Immobilien.

Mitteilungspflichten der Notare und Gerichte

Die Übertragung von Grundstücken bzw. an ihnen bestehender Rechte (Hypotheken usw.) ist seit Inkrafttreten des Beurkundungsgesetzes im Jahre 1969 grundsätzlich nur durch die Beurkundung entsprechender

Kaufverträge durch Notare möglich. Es besteht lediglich noch eine weitere Ausnahme von diesem **Beurkundungsprivileg:** Im Rahmen von gerichtlichen Vergleichen können auch die Zivilgerichte Grundstücksübertragungen in Gerichtsprotokollen beurkunden (§ 127a BGB).

Die allgemein übliche Form der Veräußerung von Grundvermögen ist aber die unter Beteiligung eines Notars.

Das Grunderwerbsteuergesetz verpflichtet die erwähnten beurkundenden Stellen, Mitteilungen über bestimmte Grundstücksgeschäfte zu machen (§ 18 GrEStG). Hierzu zählen im einzelnen:

- Grundstückserwerb- und -veräußerungsverträge
- Anträge auf Berichtigung des Grundbuchs, wenn der Eigentümer gewechselt hat, etwa bei Erbfällen
- Zuschlagsbeschlüsse in Zwangsversteigerungsverfahren
- Änderungen oder Berichtigungen der erwähnten Vorgänge
- Bestellung von Erbbaurechten
- Vorgänge, die die Übertragung von Kapitalanteilen an Gesellschaften betreffen, wenn zum Gesellschaftsvermögen ein Grundstück gehört.

Inhalt der Anzeige

Die Mitteilung muß dem Finanzamt innerhalb von zwei Wochen nach der Beurkundung des Rechtsgeschäfts übermittelt werden. Hierbei legt der Notar eine Abschrift seiner Urkunde vor; in einem Begleitschreiben teilt er weitere Einzelheiten mit:

- Personalien des Veräußerers und des Erwerbers
- Bezeichnung des Grundstücks (Grundbuchbezeichnung, Anschrift)
- Grundstücksgröße und Art der Bebauung (Bauplatz, bebautes Grundstück)
- Art des anzeigepflichtigen Vorgangs
- Kaufpreis
- bei der Veräußerung von Gesellschaftsanteilen: Bezeichnung der Firma und des oder der Anteile.

Die Mitteilung erfolgt regelmäßig unter Verwendung eines amtlichen Vordrucks.

Finanzamt (wird vom Finanzamt ausgefüllt)	**1** Ausfertigung für die GrESt-Stelle	Anzeigepflichtiger – Name und Anschrift – (bitte durchschreiben)
Geschäftszeichen		UR Nr./Geschäftszeichen / Datum der Urkunde

Ort/Datum

Veräußerungsanzeige

Zutreffendes bitte ☒ ankreuzen

Bezeichnung des veräußerten Grundbesitzes:

(Wohnungs-/Erbbau-)Grundbuch	Blatt	Gemarkung	Flur	Flurstück/Parzelle	Größe in qm

– nur bei bebautem Grundbesitz auszufüllen – Gemeinde	Straße, Hausnummer

Grundstücksart:

☐ bebaut ☐ Wohngebäude ☐ Miteigentumsanteil von ☐ land- und forstwirtschaftlich genutzt

☐ unbebaut ☐ andere Bebauung ☐ verbunden mit Sondereigentum an ☐

Veräußerer:

Name, Vorname/Firma		Anteil
Straße, Hausnummer	PLZ, Ort	
Name, Vorname/Firma		Anteil
Straße, Hausnummer	PLZ, Ort	

Erwerber:

Name, Vorname/Firma				Anteil
				Erwerber ist im Verhältnis zum Veräußerer:
				☐ Verwandter in gerader Linie
Straße		Hausnummer		☐ Ehegatte
PLZ	Ort	Zustellbezirk		☐
Sonstige Angaben (z. B. Postfach)				

Erwerber:

Name, Vorname/Firma				Anteil
				Erwerber ist im Verhältnis zum Veräußerer:
				☐ Verwandter in gerader Linie
Straße		Hausnummer		☐ Ehegatte
PLZ	Ort	Zustellbezirk		☐
Sonstige Angaben (z. B. Postfach)				

Rechtsvorgang:

☐ Kauf ☐ Tausch ☐ Abtretung (Übertr. d. Rechte) ☐ Schenkung ☐

Rechtswirksamkeit ist eingetreten ☐ ja ☐ nein	Der Rechtsvorgang bedarf der Genehmigung der/des	Tag der Übergabe (Verr.-Tag)

Gegenleistung:

	DM
a) Kaufpreis/von den Parteien zugrunde gelegter Wert des Tauschgrundstücks und zusätzliche Leistungen	
b) Übernommene Belastungen (z. B. Hypotheken, Grundschulden)	
c) Sonstige Leistungen (z. B. Rente, Nießbrauch, Wohnrecht, Erbbauzins) – Jahreswert –	
d) ______	
e) Von der Gegenleistung entfallen auf Inventar, Betriebsvorrichtungen o. ä.	

D 134 – 12.83 – OFD Sbr.

Die Nachricht wird zunächst der Grunderwerbsteuerstelle des Finanzamts zugeleitet, in deren Bezirk das Grundstück liegt. Diese erläßt einen Grunderwerbsteuerbescheid und stellt ihn dem Erwerber zu.

Erst wenn die geschuldete Grunderwerbsteuer sichergestellt ist, erteilt das Finanzamt dem Erwerber eine sog. **Unbedenklichkeitsbescheinigung**. Ohne deren Vorlage ist eine Eigentumsumschreibung im Grundbuch nicht möglich.

Durchschriften des Anzeigeformulars leitet die Grunderwerbsteuerstelle dann weiter an

- das Finanzamt, das für die Besteuerung des Veräußerers zuständig ist
- das Finanzamt, das die Besteuerung des Erwerbers vornimmt
- die Bewertungsstelle, die örtlich zuständig ist.

Bei der letztgenannten Stelle wird aufgrund des Erwerbsvorgangs die eingetretene Eigentumsänderung registriert und der jeweiligen Gemeinde, zu der das Grundstück gehört, mitgeteilt. Diese richtet dann kommunale Abgabenforderungen (Grundsteuer, Müllabfuhr) an den Erwerber.

Versuche des Bundesbeauftragten für den Datenschutz, die Mitteilungspflichten der **Notare** auf die Übersendung eines Formulars mit den zur Festsetzung der Grunderwerbsteuer notwendigen Angaben zu ersetzen, sind zwischenzeitlich gescheitert. Der Bundesfinanzminister sieht bei dieser eingeschränkten Datenübermittlung Gefahren für die Gleichmäßigkeit der Besteuerung. Vor allem sei es den überlasteten Finanzbeamten nicht zuzumuten, in Zweifelsfällen eigens bei dem beurkundenden Notar rückzufragen.

Weitere verwaltungsinterne Folgen

Die Finanzämter des Erwerbers und des Verkäufers registrieren den Eigentumsübergang ebenfalls in den Steuerakten der Beteiligten, um die steuerlich korrekte zukünftige Behandlung sicherzustellen.

Beispiel:
A kann nach der Veräußerung seines Einfamilienhauses keine Steuerbegünstigung nach § 10e EStG mehr geltend machen. B als Käufer hingegen kann sich die entsprechenden steuerlichen Vorteile sichern.

Folgen für den Verkäufer

Der Verkäufer muß sich noch auf andere Nachforschungen „seines“ Finanzamts einstellen. Er hat schließlich den Kaufpreis erhalten, bei Immobilien also normalerweise eine ansehnliche Summe.

Die Verwaltung möchte natürlich sicherstellen, daß diese Mittel nicht einfach „verschwinden" und daß erzielte Erträge auch versteuert werden.

In manchen – nicht in allen – Bundesländern treibt das verständliche Interesse an allumfassender Ermittlung der (möglichen) Besteuerungsgrundlagen aber seltsame Blüten: Unmittelbar nach einem Immobilienverkauf erhält der Veräußerer einen Fragebogen, den er ausgefüllt zurückreichen soll. Gefragt wird

- nach der bisherigen Steuernummer
- nach Einzelheiten des verkauften Objekts (Bebauungsweise, Anschaffungsdaten, bisherige Verwendung und gegebenenfalls erzielte Mieteinnahmen)
- nach der Verwendung des Veräußerungserlöses
- nach den sonstigen Einkünften – auch des Ehegatten
- nach dem sonstigen Vermögen
- und nach möglichen anderen Grundstücksverkäufen in den letzten Jahren.

Eine Rechtsgrundlage für solche Fragebogenaktionen gibt es nicht. Sie sind daher sehr bedenklich und im übrigen auch zum überwiegenden Teil unnötig. Vertretbar ist noch die Frage nach der bisherigen steuerlichen Erfassung, also der Steuernummer. Vor allem bei Grunderwerbsteuerstellen, die für mehrere Finanzamtsbezirke zuständig sind, kann dies die – legitime und zulässige – Information der Veranlagungsdienststellen beschleunigen.

Alle anderen Fragen deuten aber auf äußerstes Mißtrauen der Finanzverwaltung gegenüber dem Veräußerer hin: Immerhin ist er normalerweise sowieso zur Abgabe einer Einkommensteuererklärung verpflichtet. In dieser Erklärung muß er alle erwähnten Angaben „nach bestem Wissen und Gewissen" von sich aus machen; ohne zwingende Anhaltspunkte für das Gegenteil muß das Finanzamt von der inhaltlichen Richtigkeit einer Erklärung ausgehen.

Es darf dem Steuerpflichtigen nicht von vornherein unterstellen, daß er Steuern hinterziehen will. Über die Verwendung seines Vermögens ist der Steuerbürger keine Rechenschaft schuldig; glaubt das Finanzamt, die Verwendung von Vermögensbestandteilen könne ausnahmsweise steuerliche Konsequenzen mit sich bringen, muß es **Auskunftsersuchen** im Rahmen der Veranlagung stellen.

Beispiel:
A veräußert im Jahr 1987 zwei Grundstücke. Die Veranlagungsstelle glaubt, A würde quasi nebenberuflich einen Grundstückshandel betreiben – Folge wäre die Einkommensteuerpflicht der Gewinne aus diesen Geschäften und die Festsetzung von Gewerbesteuer. In diesem Fall kann – aber im Rahmen der Veranlagung – um Auskunft gebeten werden, wieviele Grundstücke in den letzten Jahren verkauft worden sind; je nach den Umständen des Einzelfalls kann die regelmäßige Veräußerung von Immobilien dann zur Annahme eines gewerblichen Grundstückshandels führen.

Der BFH hat die Finanzämter im übrigen in einer neuen Entscheidung darauf hingewiesen, daß „Fragebogenaktionen“ ohne spezielle gesetzliche Ermächtigung nur in Ausnahmefällen zulässig sind: Allein dann, wenn konkrete Umstände oder allgemeine Erfahrungen für eine Steuerpflicht im Einzelfall sprechen, darf die Verwaltung eine solche allgemeine Ausforschung betreiben. Das Gericht hebt dabei hervor, daß die Tatsache, daß Steuergesetze nicht immer beachtet werden, keine allgemeine Erfahrung in diesem Sinne darstellen.

Tip:

Wenn das Finanzamt Ihnen einen solchen Fragebogen zuschickt, sollten Sie aus grundsätzlichen Erwägungen heraus nur Ihre **Steuernummer angeben.** Weisen Sie im übrigen darauf hin, daß Sie regelmäßig Steuererklärungen abgeben, in denen Sie alle steuerlich relevanten Umstände (Zinsen, Mieten etc.) selbstverständlich vollständig deklarieren. Verlangen Sie, daß Ihnen eine **Rechtsgrundlage** für dieses zusätzliche Auskunftsersuchen genannt wird. **Notfalls:** Legen Sie Rechtsmittel (hier: Beschwerde) ein und führen Sie eine Entscheidung der vorgesetzten Behörde herbei. Weisen Sie dabei ausdrücklich auf das **BFH-Urteil** (Az: I R 101/87) v. 11. 10. 1989 hin!

Aus prinzipiellen Erwägungen heraus sollten Sie Auskünfte wirklich nur dann erteilen, wenn Sie hierzu verpflichtet sind – eine „Datenzentrale Finanzamt“ und einen gläsernen Steuerbürger sollte es nicht geben.

Folgen für den Erwerber

Spätestens dann, wenn der Erwerber zum ersten Mal steuerliche Vergünstigungen aus dem Hauskauf geltend macht, wird das Finanzamt sein bisheriges steuerliches Verhalten unter die Lupe nehmen. Ein ganz besonderes Interesse gilt hierbei der Frage, wie der Kaufpreis für die Immobilie aufgebracht worden ist. Der gesunde Menschenverstand sagt jedem

Beamten, daß ein gewisses Grundkapital vorhanden gewesen sein muß; Vollfinanzierungen sind äußerst ungewöhnlich.

Demzufolge wird geprüft, ob in den Vorjahren Kapitalerträge (Zinsen aus Sparguthaben oder Bausparverträgen) deklariert worden sind. Wenn nein, stehen i. d. R. Fragen nach dem Ursprung des Eigenkapitals bevor. Gegebenenfalls sollten Sie sich hierauf einrichten und den Zufluß belegen (z. B. aus Erbschaft oder aus Schenkung).

Wichtig: Geben Sie an, Geldbeträge als Schenkung erhalten zu haben, wird der Finanzbeamte dies dem Finanzamt mitteilen, das für den Schenker zuständig ist. Dort wird dann überprüft, ob dieser seinerseits Zinseinnahmen in der Vorzeit erzielt hat.

Stellt das Finanzamt diese Fragen im Rahmen der Bearbeitung einer Steuererklärung, können Sie sich nicht gegen eine Antwort sträuben. Manche Beamte sind aber besonders findig: Sie verlangen schon dann, wenn ein Freibetrag auf der Lohnsteuerkarte eingetragen werden soll, detailliert Auskunft über die Mittelherkunft.

Solche Fragebögen sind ebenso rechtswidrig, wie die erwähnten Formulare, die die Grundstücksveräußerer erhalten.

Tip:

Fragen Sie in diesen Fällen umgehend nach der **Rechtsgrundlage** für das Auskunftsbegehren. Weisen Sie dabei darauf hin, daß Sie alle diese Fragen im Rahmen Ihrer Steuererklärung beantworten werden bzw. schon beantwortet haben. Machen Sie Ihre Auffassung deutlich, daß Sie die Eintragung eines Freibetrags beantragt haben, und daß die gewünschten Informationen hierfür absolut nichts hergeben.

Falschbeurkundungen und ihre Folgen

Seit dem 1. 1. 1983 beträgt die zu zahlende Grunderwerbsteuer nur noch 2%. Zuvor lagen die Sätze mit bis zu 7% erheblich höher. Dennoch können bei aufwendigeren Gebäuden schnell hohe Steuerforderungen auf den Erwerber zukommen.

Beispiel:
A erwirbt einen Bungalow für 490.000 DM. Die Steuer beträgt 9.800 DM.

Oder: B kauft ein Mietshaus für 1,8 Mio. DM. Die Steuer beträgt 36.000 DM.

Es besteht u. U. ein gewisser Anreiz, aus steuerlichen Gründen den tatsächlichen Kaufpreis zu verschweigen und einen niedrigeren anzugeben.

Diese Gründe müssen nicht unbedingt allein auf der grunderwerbsteuerlichen Ebene liegen.

Beispiel:
Architekt A ist beim Bauamt einer Stadt beschäftigt und fertigt nebenher Baupläne für Häuser. Da er auch für die Genehmigung dieser Bauvorhaben zuständig ist, gilt er bald als idealer Ansprechpartner für Bauinteressenten. Er läßt sich sein Tätigwerden gut bezahlen und deklariert natürlich die zusätzlichen Einnahmen nicht.

Verunsichert durch die Quellensteuerdiskussion will er sein Erspartes lieber in einer Immobilie anlegen. Damit das Finanzamt nicht nachfragt, wie er von seinem Bauratsgehalt ein Mietshaus im Werte von 1 Mio. DM ohne Fremdkapital erwerben kann, will er die Hälfte des Kaufpreises „schwarz" bezahlen. Entsprechend wird beim Notar auch nur ein Kaufpreis von 500.000 DM beurkundet. A nimmt dabei gern in Kauf, daß er steuerliche Vorteile auch nur von der tatsächlich beurkundeten Summe geltend machen kann.

Zivilrechtlich ist die Folge einer solchen Falschbeurkundung, daß der Verkauf zunächst einmal nichtig ist – er hat also keinerlei Rechtswirkungen! Diese Nichtigkeit wird allerdings dann geheilt, wenn der neue Eigentümer im Grundbuch eingetragen ist.

Strafrechtlich ist ein solches Handeln eindeutig als **gemeinschaftliche Steuerhinterziehung** zu werten. Folgen, sofern der Vorfall offenbar wird: Nicht nur die verkürzte Steuer muß nachgezahlt werden, es droht auch eine Geld- oder gar Freiheitsstrafe.

Solche Geschäftsvorfälle werden in der Praxis durchaus häufig aufgedeckt, weil eine der beteiligten Parteien den Sachverhalt der Finanzverwaltung bekanntgibt. Grund hierfür ist fast immer das Auftreten von Mängeln am verkauften Objekt. Die Erwerber führen mit dem Veräußerer einen Prozeß und wollen entweder Schadenersatz oder gar eine Aufhebung des Vertrags.

Um vor dem Zivilgericht uneingeschränkt tätig werden zu können, offenbaren sie die Schwarzgeldzahlung mit der Konsequenz, daß sie selbst straffrei bleiben (es liegt eine Selbstanzeige vor). Außerdem hat man dem einstigen Geschäftspartner noch gleich ein Ermittlungsverfahren „angehängt" – eine „angenehme" Begleiterscheinung, die noch nach fünf Jahren herbeigeführt werden kann – so lange ist die Verjährungsfrist bei Steuerhinterziehung.

Aber auch dann, wenn den Beteiligten – besser: ihren Anwälten – die steuerliche Rechtslage nicht gegenwärtig ist, machen die Zivilgerichte selbst in den beschriebenen Fällen zumindest gelegentlich Mitteilungen an die Finanzämter. Eigentlich sollte dies in allen Fällen geschehen, in denen Gerichte Kenntnis von steuerlich bedeutsamen Umständen erhalten; hierzu sind sie aufgrund von § 116 AO verpflichtet. In der Praxis muß man aber beobachten, daß solche Mitteilungen gern „vergessen" werden: sie stören den Verfahrensfluß, manchmal ist dem Zivilrichter eine Mitteilungspflicht auch nicht bekannt.

Tip:

Beteiligen Sie sich nicht an den beschriebenen Geschäften – die Gefahren des Entdecktwerdens mit erheblichen strafrechtlichen Folgen sind zu groß. Haben Sie aus irgendwelchen Gründen an einer Falschbeurkundung mitgewirkt, denken Sie ggf. an die Möglichkeit der **strafbefreienden Selbstanzeige.** Eine solche Selbstbezichtigung ist dringend anzuraten, wenn sich aus dem Kauf zivilrechtliche Streitigkeiten ergeben haben und Gerichtsverfahren zu erwarten sind.

2.2 Schenkungen

Schenkungsteuer

Steuerpflichtige Erwerbsvorgänge mit oft erheblicher steuerlicher Konsequenz werden tagtäglich am Fiskus vorbei abgewickelt: die Schenkungen.

Schenkungen sind grundsätzlich steuerpflichtig. Dies ergibt sich aus § 1 ErbStG. Steuerfrei bleiben lediglich Zuwendungen, die je nach Verwandtschaftsgrad **bis zu 250.000 DM** betragen können. Der Steuersatz steigt je nach Wert des erlangten Gutes und der Nähe des Verwandtschaftsgrads progressiv von 3% bis zu 70% an.

Die Steuer muß der Erwerber tragen. Dieser muß den **Erwerbsvorgang** auch binnen drei Monaten gegenüber der Finanzverwaltung **offenbaren** und hierbei weitere Einzelheiten (Personalien der Beteiligten, Gegenstand und Wert der Schenkung, Rechtsgrund, Verwandtschaftsgrad zum Schenker) angeben. Dies geschieht in der Praxis fast nie.

Andererseits bestehen keine Möglichkeiten, die Steuerpflicht von Schenkungen legal zu umgehen – mit einer Ausnahme: Schenkungen erfolgen im Rahmen der Steuerfreibeträge. Interessant ist dies bei nahen Angehörigen, z. B. bei Zuwendungen zwischen Eltern und Kindern.

Beispiel:
Die Eheleute A übertragen auf ihre beiden Kinder Sparguthaben von jeweils 90.000 DM. Folgen in den nächsten zehn Jahren keine weiteren Zuwendungen – hierzu zählt aber auch der Erbfall! – bleibt diese Schenkung steuerfrei. **Allerdings:** Die Zuwendung muß tatsächlich erfolgen, die Eltern dürfen sich nicht etwa eine Verfügungsmöglichkeit

über das Vermögen bzw. dessen Erträge vorbehalten. Bei minderjährigen Kindern muß zudem ein vom Vormundschaftsgericht bestellter Ergänzungspfleger mitwirken.

Die „Dunkelziffer" in diesem Bereich ist extrem hoch. Das Verschweigen von entsprechenden Vorgängen ist zudem ziemlich risikolos. Es bestehen kaum Überprüfungsmöglichkeiten, selbst wenn das Finanzamt nachfragt. Die Erklärung muß nur – wieder einmal – plausibel sein.

Beispiel:
Großmutter A schenkt ihrem Enkel 100.000 DM. In ihrer Vermögensteuererklärung deklariert sie Barguthaben bei Banken, die im Vergleich mit den Erklärungen der Vorjahre um diese 100.000 DM niedriger sind. Auf Nachfrage des Finanzbeamten B teilt sie mit, sie habe das Geld für Reisen und andere Annehmlichkeiten ausgegeben.

Allerdings sollte man sich auch auf weitergehende Nachforschungen einrichten, die um so intensiver sein können, je höher der Wert der Schenkung ist.

Beispiel:
B hat die Vermutung, daß die Antwort, die er erhalten hat, falsch war. Er verlangt von A Belege über die Bankabhebungen; diese reagiert nicht auf seine ergänzende Forderung. Bei einer Nachforschung bei der Bank stellt sich heraus, daß der Betrag in einer Summe auf das Konto des Enkels überwiesen worden ist.

Zudem ist zu berücksichtigen, daß bei späteren Erbstreitigkeiten Vorgänge der geschilderten Art bekannt werden können – es gelten dieselben Grundsätze wie bei den Erwerbsvorfällen im Immobilienbereich. Mögliche Erben, die sich durch Schenkungen als vorweggenommene Erbauseinandersetzung benachteiligt fühlen, sehen oft die Einschaltung der Finanzverwaltung als Möglichkeit, „Rache" zu üben.

Tip:

Auch in diesem Bereich sollten Sie Unkorrektheiten unterlassen – auch wenn es schwer fällt. Bedenken Sie immer, daß der von Ihnen Bedachte auch noch nach Jahren Schwierigkeiten bekommen kann und vielleicht hohen Steuerforderungen ausgesetzt wird.

Im Bereich der näheren Verwandtschaft besteht außerdem die Möglichkeit, durch **wiederholte Schenkungen** auch höherer Beträge, die unterhalb der Freibeträge liegen, Steuern zu sparen bzw. zu vermeiden. Mehrere Schenkungen werden wertmäßig nur dann zusammengefaßt, wenn sie innerhalb von zehn Jahren anfallen.

2.3 Erbfälle

Für die Finanzämter gibt es kaum eine bessere Möglichkeit, steuerlich bisher nicht erfaßtes Vermögen festzustellen, als den Erbfall. Wie bei Schenkungen ist auch bei Erbvorgängen der Erbe erst einmal selbst verpflichtet, der Verwaltung den Erbvorgang zu **offenbaren**. Hinzu kommen noch weitreichende Mitteilungsverpflichtungen der Kredit- und Versicherungsinstitute. Aber auch im öffentlichen Bereich ist sichergestellt, daß die Finanzämter Kenntnis von Erbschaften erlangen.

Mitteilungspflichten der Gemeinden und Behörden

Alle Todesfälle werden dem Finanzamt zwangsläufig bekannt. Das Erbschaftsteuergesetz verpflichtet in § 34 Behörden, Gemeinden und Gerichte dazu, Vorfälle, die erbschaftsteuerlich interessant sein können, mitzuteilen.

Im einzelnen:

- alle Standesämter müssen monatlich sog. Totenlisten vorlegen, die alle beurkundeten Sterbefälle offenbaren
- Gerichte und Notare sind verpflichtet, alle eröffneten Testamente einschließlich einer Angabe über den möglichen Wert des Erbes in Kopie vorzulegen, alle erteilten Erbscheine, alle Todeserklärungen und alle angeordneten Nachlaßpflegschaften und -verwaltungen mitzuteilen.

Erbschaft- und Schenkungsteuerstellen

Die Mitteilungen der bezeichneten Stellen laufen bei zentralen Stellen, den Erbschaft- und Schenkungsteuerstellen, die jeweils für verschiedene Finanzamtsbezirke zuständig sind, zusammen. Zuständig für die Steuerfestsetzung ist jeweils die Stelle, in deren Bezirk der Verstorbene zuletzt gewohnt hat. Diese Stellen überprüfen zunächst, ob angesichts der Steuerfreibeträge eine Erbschaftsteuerforderung entstehen kann. Bejahen sie dies, fordern sie bereits von sich aus die Erben auf, eine **Steuererklärung** abzugeben. Die Erklärung wird dann ausgewertet, die Steuer festgesetzt.

Verwaltungsinterne Konsequenzen

Seit 1986 muß mit einem entsprechenden Vordruck mitgeteilt werden

- dem Finanzamt, das für die Besteuerung des Erblassers zuständig war, das Erbgut, wenn dies **mehr als 250.000 DM** wert ist oder wenn zum Erbe **Kapitalvermögen von mindestens 50.000 DM** gehört
- dem Finanzamt des Erben der Erbfall, wenn er Werte von 50.000 DM oder mehr erhält.

Finanzamt Saarbrücken

- Mainzer Straße -

Erbschaftsteuerstelle

AZ.: ....

Saarbrücken, ...

Tel.: 0681/604 - ....

Zi. : ....

An das

Finanzamt ....

....

(FA des Erblassers/Schenkers)

An das

Finanzamt ....

....

(FA des/der Erwerber(s)

Kontrollmitteilung

Ich übersende zur steuerlichen Auswertung eine Aufstellung über Vermögensgegenstände,

die

Name, Vorname des Erblassers/Schenkers	Todestag des Erblassers
letzter Wohnort, Straße, Hausnummer	Tag der Ausführung der Schenkung

von Todes wegen/schenkweise überlassen hat an:

Name, Vorname des/der Erwerber(s)	Wohnort, Straße, Hausnummer	Anteil
1.		
2.		
3.		
4.		
5.		

Im Auftrag

DU. an FA des/der Erwerber(s)

H 117 - 03.85 - OFD Sbr.

	Bezeichnung	Wert	Bemerkungen
A	Land- und forstwirtschaftliches Vermögen		
	EW		
	Grundvermögen		
	EW 140 v.H.		
	Betriebsvermögen		
	Wertpapiere und dergl.		
	Kapitalforderungen, insbes. Zusammensetzung des Sparvermögens		
	Versicherungen, Sterbegelder und dergl.		
	Bargeld		
	Sonstige Vermögensgegenstände		
	Gesamtwert ☐ der Nachlaßgegenstände		
	☐ des zugewendeten Vermögens		
	- im Falle der gemischten Schenkung:		
	Höhe der Gegenleistung		

B	- nur bei Erbfällen -		
	Schulden		

- vom Wohnsitzfinanzamt auszufüllen -

Ort, Datum ______________________

Finanzamt ______________________

Steuernummer ______________________

1. ☐ Ausgewertet (Bl. ______)
2. ☐ Ohne steuerliche Auswirkung

   Begründung: ______________________

3. z.d.A. ______________________

Im Auftrag

Früher eher vernachlässigt

Zuvor waren solche **Kontrollmitteilungen** zwar auch zulässig, wurden aber seltener – vor allem nicht automatisch – gefertigt. Außerdem wanderten sie bei den sie empfangenden Dienststellen oft unbearbeitet in den Papierkorb; das geben sogar Experten aus der Finanzverwaltung zu.

Konsequenzen für die Versteuerung des Erblassers

Die so informierten Stellen überprüfen zunächst, ob der Erblasser das Erbe – oft besteht es aus Geldanlagen mit steuerpflichtigen Erträgen – zuvor auch **versteuert** hatte.

Ist dies nicht der Fall, werden die Steuerfestsetzungen der Vorjahre geändert. Dies ist regelmäßig mindestens für die fünf vorangegangenen Steuerjahre möglich.

Beispiel:
A stirbt am 1. 5. 1989. Zu diesem Zeitpunkt hat er alle Steuererklärungen bis einschließlich 1988 abgegeben. Seinem Sohn vererbt er ein Barvermögen von 750.000 DM, dessen Erträge nicht versteuert waren.

Folge:
Änderungen der Steuerbescheide für 1984 bis 1988; unterstellt und beweist das Finanzamt, daß A vorsätzlich gehandelt hat, kann es sogar rückwirkend bis 1979 (!) ändern

Und die Mehrsteuern?

Die festgesetzten Mehrsteuern muß der Erbe bezahlen, es sei denn, er würde das Erbe ausschlagen. U. U. drohen kostspielige und für den Erben traurige Konsequenzen.

Beispiel:
Bei einem Barvermögen von 750.000 DM können jährlich durchaus Erträge von 30.000 DM entstehen. Einen durchschnittlichen Steuersatz von 30% unterstellt, ergeben sich in fünf Jahren Steuernachforderungen von 50.000 DM, in zehn Jahren von 100.000 DM! Hinzu kommen noch Hinterziehungszinsen (6% der Steuerschuld pro Jahr).

Auch hier gilt: Legale Möglichkeiten, an der Erbschaftsteuer vorbeizukommen, gibt es nicht.

Trotzdem verfallen clevere Erblasser auf ausgefallene Konstruktionen, um Zugriffe des Fiskus zu vermeiden.

Beispiel:
A versteht sich sehr gut mit seinem Sohn. Er legt das Vermögen auf einem Sparbuch auf dessen Namen an und behält nur das Dokument. Der Erbe nimmt dies nach dem Tode des Vaters an sich.

An die Folgen denken

Normalerweise erfährt das Finanzamt von solchen „Umwegen" nichts. Werden sie aufgedeckt – oft durch andere Personen, die sich bei der Erbfolge übergangen fühlen – droht nicht nur die beschriebene steuerliche Konsequenz; der Bedachte muß zusätzlich mit einem Verfahren wegen Beihilfe zur Steuerhinterziehung rechnen.

Konsequenzen beim Erben

Auch wenn keine Erbschaftsteuer angefallen ist: Das Finanzamt vergißt den Erbfall normalerweise nicht.

Gerade wenn Kapitalanlagen vererbt worden sind, achten die Finanzbeamten sehr genau darauf, ob sich der Erbe in Zukunft steuerehrlich verhält, also seine Zinsen versteuert.

Tip:

Beachten Sie peinlich genau die mögliche Steuerpflicht der Erträge aus einem Erbe. „Ihr" Finanzamt weiß sehr gut, daß und was Sie geerbt haben.

Wurde das Erbgut für andere Zwecke verwendet (Hauskauf, Geschenke an Kinder), sammeln Sie entsprechende **Unterlagen** und legen Sie diese der Verwaltung vor, wenn die zu erwartenden Nachfragen anstehen.

Auch hier gilt im übrigen: Die Finanzverwaltung akzeptiert nur plausible Erklärungen ohne weitere Ermittlungen. Je höher der Wert des Erbes, um so intensiver werden die Nachforschungen ausfallen. Hiergegen können Sie sich auch nicht wehren.

3 Der Bankenbereich

3.1 Schweigen ist Gold

In kaum einem Bereich werden so hohe steuerpflichtige Erträge gegenüber dem Finanzamt verschwiegen wie bei den Einkünften aus Kapitalvermögen. Kaum ein Sparer, kaum ein Aktionär sieht ein, daß er Steuern für etwas zahlen muß, das er sich aus – zumindest normalerweise – bereits versteuerten Einnahmen erwirtschaftet hat.

Natürlich ist die Steuerpflicht der Einkünfte aus Kapitalvermögen steuersystematisch richtig: Versteuert wird nur der **Ertrag** aus dem angelegten Vermögen, nicht die Substanz (von der möglichen Vermögensteuerpflicht abgesehen). Andererseits ist nicht wegzudiskutieren, daß in Jahren mit hohen Inflationsraten die erzielten Erträge nach Steuern nicht ausreichen, den Kapitalstock zu sichern – das Vermögen wird also immer kleiner, obwohl Zinsen erzielt werden.

Folge hiervon ist, daß nur sehr wenige Personen ihre Kapitaleinkünfte in der Steuererklärung angeben. Die Schätzungen über diese Nichterfassungsquote schwanken zwischen 40% und 90%. Wenn man sich überlegt, daß die privaten Haushalte jährlich über 100 Milliarden DM an Zinszahlungen kassieren, kann man die möglichen Steuerbeträge, die dem Fiskus entgehen, leicht überblicken: sie können durchaus 20 bis 30 Milliarden DM im Jahr betragen.

Bankgeheimnis

Grundsätzlich gilt: **Es gibt kein im Besteuerungsverfahren zu beachtendes Bankgeheimnis!** Die Finanzämter können zum Zwecke der Ermittlungen von Besteuerungsgrundlagen auch Dritte um Auskunft ersuchen. Zu diesen „Dritten" im Sinn der Abgabenordnung zählen auch Banken und ihre Mitarbeiter. Natürlich gilt im Bankenbereich ebenfalls das Prinzip, daß Dritte erst dann um Auskünfte angegangen werden sollen, wenn Ermittlungen beim Steuerpflichtigen selbst zu keinem Erfolg führen oder dieser auf Anfragen nicht reagiert.

Auskunftsersuchen sind also nicht verboten. Das angesprochene Institut hat auch keine Möglichkeit, Auskünfte zu verweigern. Deutlich wird dies z. B. dadurch, daß die Abgabenordnung Mitarbeitern von Banken keinerlei Auskunftsverweigerungsrechte zubilligt. Anders als den oben in Abschn. A erwähnten Personengruppen mutet der Gesetzgeber den Banken umfassende Auskunftspflichten im Besteuerungsverfahren zu.

Im Zivilrecht ist dies anders. Einmal darf sich ein Bankmitarbeiter im Zivilprozeß auf ein **sachliches Zeugnisverweigerungsrecht** berufen (§ 384

Ziff. 3 ZPO). Zum anderen ergibt sich bereits aus der zivilrechtlichen Beziehung zwischen Bank und ihrem Kunden, daß die Erteilung von Auskünften durch das Kreditinstitut nur mit Zustimmung des Kunden erfolgen darf. Verletzt die Bank dieses Prinzip, kann sie sich schadensersatzpflichtig machen.

Beispiel:
Bankangestellter A entdeckt, daß die Konten der B-GmbH seit Monaten rote Zahlen aufweisen. Er erzählt dies seinem Freund C, der bei der D-KG arbeitet. Die D-KG liefert daraufhin wichtige Maschinenteile nicht an die B-GmbH aus, weil sie um die Bezahlung ihrer Rechnung fürchtet. Der GmbH geht ein wichtiger und sehr gewinnträchtiger Auftrag aus Saudi-Arabien verloren. Der Arbeitgeber des A ist hierfür schadensersatzpflichtig.

Haben Nachfragen und Ermittlungen beim Steuerpflichtigen keinen Erfolg, wendet sich das Finanzamt demgemäß an dessen Bank. Kenntnis von der Bankverbindung hat die Behörde durch die Angaben des Pflichtigen; ein zentrales Register aller bundesweit existierenden Kontoverbindungen gibt es bei uns, anders als in Frankreich, nicht.

Anfragen an die Banken können mündlich oder schriftlich ergehen, wobei die meisten Banken auf der Schriftform bestehen. Sie wollen durch das schriftliche Ersuchen ihrem Kunden gegenüber dokumentieren können, daß sie die Mitteilungen in Erfüllung einer gesetzlichen Pflicht gemacht haben. Inwieweit die Verlangen begründet sein müssen, ist unter Steuerexperten umstritten. Die Steuerverwaltung steht auf dem Standpunkt, es genüge der formelhafte Satz „die Voraussetzungen des § 93 Abs. 1 S. 3 AO liegen vor“; die Banken begnügen sich in der Praxis auch hiermit.

Die Auskunft erfolgt meist **schriftlich;** das Finanzamt kann dies ausdrücklich verlangen. Die Mitteilung muß natürlich auch wahrheitsgemäß und nach bestem Wissen und Gewissen erfolgen. Es darf weder etwas verschwiegen werden, noch sind gar unwahre Angaben zulässig.

Der Bankenerlaß und der neue § 30a AO

Trotz der geschilderten eindeutigen Rechtslage geistert immer wieder der Begriff „Bankgeheimnis“ im Zusammenhang mit dem Besteuerungsverfahren durch die Presse. Auch die Banken heben die angebliche Verschwiegenheitsverpflichtung in ihrer Werbung hervor.

Grund für diese Betonung eines in der rechtlichen Realität nicht existierenden geschützten Raumes war bis zum 3. 8. 1988 der sog. Bankenerlaß aus dem Jahre 1979; bereits zuvor existierte übrigens eine entsprechende

Regelung aus dem Jahre 1949. Dieser Erlaß war unter Steuerrechtlern immer schon umstritten; manche sprachen von ihm als einer „Magna Charta der Steuerhinterziehung" und hielten ihn für rechts- und verfassungswidrig.

Trotz aller dieser zweifelnden Stimmen hat sich der Gesetzgeber aber entschlossen, im Rahmen der umfangreichen Steuerreform 1990 den Bankenerlaß in die Abgabenordnung zu übernehmen. Die kritischen Steuerrechtler sind der Auffassung, daß in der Praxis diese neue Vorschrift zu einer noch geringeren Erfassungsquote im Kapitalanlagebereich führen wird und halten daher auch sie für verfassungswidrig. Die Einführung der Bestimmung ist im übrigen auch im Zusammenhang mit der Einführung der neuen – schon wieder kassierten – Quellensteuer zu sehen. Offenbar wollte das Bundesfinanzministerium den Quellensteuerabzug durch eine angebliche Informationssperre zwischen Bank und Finanzamt schmackhaft machen.

Allerdings muß man festhalten, daß die praktische Behandlung des Bankenbereichs durch die Finanzämter von ihren theoretischen Möglichkeiten entscheidend abweicht.

Inhalt des § 30a AO

Trotz aller theoretischer Möglichkeiten der Finanzverwaltung bleiben deren praktische Chancen, Kapitalerträge flächendeckend zu erfassen, sehr gering.

Die Vorschrift betont zunächst einmal die Grundidee, daß auf das „Vertrauensverhältnis zwischen Kreditinstituten und deren Kunden" Rücksicht zu nehmen sei. In der Vorschrift selbst weist deren Absatz 5 auf die Zulässigkeit von Ersuchen im Einzelfall hin.

Es gilt aber weiter:

- Die **allgemeine Überwachung** von Konten bei Kreditinstituten ist **verboten**. D. h.: Die Finanzverwaltung darf die Bank nur bei einem konkreten Anlaß auf Vorgänge bezüglich eines bestimmten Kontos ansprechen; allgemeine Erwägungen reichen nicht aus.

Beispiel:
Finanzamt X nimmt an, daß alle Makler in seinem Zuständigkeitsbereich „schwarze" Vermittlungen vornehmen und verlangt von deren Banken Auskunft über die Kontenbewegungen dieser Personen – ein solches Ersuchen ist unzulässig.

Zulässig hingegen: Das Finanzamt weiß, daß A Festgeldanlagen getätigt hat; A kann über die erzielten Erträge keine Auskunft geben, da er geistig verwirrt ist – hier liegt ein konkreter Anlaß für eine Anfrage vor.

- **Kontrollmitteilungen** dürfen bei Banken **nicht** angefertigt werden. Auch Kreditinstitute unterliegen regelmäßigen Betriebsprüfungen; der prüfende Finanzbeamte hat Zugang zu allen Bankunterlagen. Er darf aber keine Informationen über Guthabenkonten und Depots an die Finanzämter der Konteninhaber geben.

  Erste Ausnahme: Bei den Banken gibt es Sammelkonten, die sog. CpD-Konten (conto pro diverse). Diese Konten dienen dem institutsinternen Gebrauch, über sie dürfen keine Geschäftsvorfälle abgewickelt werden, wenn die Bank bereits ein Konto für den betreffenden Kunden führt. Buchungsvorgänge bei diesen Konten dürfen an andere Dienststellen der Finanzverwaltung übermittelt werden.

Beispiel:
Zahnarzt A sammelt die alten Goldzähne seiner Patienten und gibt sie an eine Goldverarbeitungsfirma weiter. Von dieser erhält er als Gegenleistung Verrechnungsschecks. Damit diese Schecks nicht auf seinem Geschäftskonto auftauchen, läßt er sich die Beträge bar auszahlen; die Bank zieht den Scheck über ein CpD-Konto ein. Hier darf Prüfer A eine Kontrollmitteilung schreiben.

Diese Möglichkeit ist übrigens reine Theorie: aus nicht geklärten Gründen unterlassen es die Bankenprüfer grundsätzlich, CpD-Konten nach steuerlich interessanten Vorfällen zu durchforsten. Diese Erscheinung hängt wohl auch damit zusammen, daß die Prüfer sich in erster Linie als Steuerbeamte fühlen, die ihre eigene Prüfung abwickeln wollen; das Aufspüren von dubiosen Vorfällen bei anderen Steuerpflichtigen entspricht nicht ihrem Selbstverständnis.

Zweite Ausnahme: Kontrollmitteilungen über **Kreditkonten** sind zulässig.

Beispiel:
A hat einen Kredit über 250.000 DM erhalten. Prüfer B darf das für A zuständige Finanzamt unterrichten.

Weitere Ausnahme: Ist die Bank selbst Auftraggeber und erbringt sie Leistungen an Dritte, darf der Prüfer ebenfalls Aufzeichnungen machen.

Beispiel:
Die B-Bank errichtet ein neues Verwaltungsgebäude und zahlt an die Bauunternehmung des A 1,3 Mio DM. Eine Kontrollmitteilung ist zulässig.

- **Konto- und Depotnummern** dürfen in den Vordrucken für Steuererklärungen nicht verlangt werden. Begründung ist der Umstand, daß steuerlich bedeutsam nur ein eventueller (Zins-)Ertrag ist, nicht aber die Kontonummer.

  Erste Ausnahme: Der Steuerpflichtige macht steuermindernde Ausgaben geltend.

Beispiel:
A nimmt ein Darlehen über 100.000 DM auf, um damit Aktien zu kaufen. Er deklariert zwar die Dividenden, will aber auch die gezahlten Darlehenszinsen als Werbungskosten absetzen. Das Finanzamt darf hier Konto- und Depotnummer zu Kontrollzwecken erfragen.

Zweite Ausnahme: Die Finanzämter erstatten zuviel gezahlte Steuern nur noch unbar. Sie dürfen daher die Angabe der Bankverbindung des Steuerpflichtigen verlangen. **Allerdings:** Die Verwaltung erfährt damit auch die „Hausbank" des Pflichtigen und kann bei konkreten Anlässen daher leichter zusätzliche Ermittlungen durchführen. Besonders ängstliche Zeitgenossen richten aus diesem Grund gelegentlich eigene Konten nur für die Abwicklungen des Zahlungsverkehrs mit dem Finanzamt ein, allerdings oft ohne weitere Überlegung. Zur Nachahmung sei dies nicht empfohlen.

Beispiel:
A fürchtet, daß seine Bankverbindung bekannt wird und das Finanzamt von seinen Schwarzgeschäften erfährt. Er eröffnet daher ein eigenes Postgirokonto. Die Beamten kommen ihm trotzdem auf die Schliche: Er überweist Guthaben auf sein „normales" Konto; die entsprechenden Belege finden sich schnell beim Postgiroamt.

Zur Klarstellung: Die Vorschrift gilt natürlich nur im Besteuerungsverfahren. Ermittelt die Steuerverwaltung wegen Steuerhinterziehungen, richten sich ihre Möglichkeiten ausschließlich nach der Strafprozeßordnung. Hiernach sind Durchsuchungen und Beschlagnahmen auch bei Banken uneingeschränkt möglich, wenn Beweismittel beschafft und gesichert werden sollen.

Zusammenfassend bleibt damit festzuhalten:

Durch die Ge- und Verbote von § 30a AO hat der Gesetzgeber die Verwaltung eines sehr probaten Mittels zur Überprüfung der Steuerehrlichkeit ihrer „Kunden" beraubt. So wenig sich in der Steuergesetzgebung ein rechtlich abgesichertes Bankgeheimnis finden läßt, so wenig bestehen praktische Möglichkeiten der Finanzämter, die Versteuerung von Kapitalerträgen sicherzustellen.

Führende Steuerrechtler sehen die Gefahr, daß die wenigen steuerehrlichen Kapitalanleger künftig ebenfalls wesentlich schweigsamer gegenüber dem Finanzamt sein werden; die bisher Steuerunehrlichen werden ihr Verhalten sowieso nicht ändern.

„Geldwäsche" und Finanzamt

Mancher Kapitalanleger, der es mit seinen steuerlichen Pflichten nicht so genau nimmt, dürfte im übrigen künftig auch „Opfer" des illegalen Drogenhandels werden, auch wenn er selbst weder Haschisch noch Kokain konsumiert: Die westlichen Industriestaaten haben sich darauf geeinigt, das „Waschen" von Gewinnen aus dem Rauschgifthandel unter Strafe zu stellen. Den Dealern soll dadurch erschwert werden, ihre illegalen – aber hohen – Einnahmen über Kreditinstitute wieder in den Wirtschaftskreislauf einzubringen und ggf. zu legalisieren. Der Gesetzgeber will dazu die Banken verpflichten, bei hohen Bargeldeinzahlungen – gedacht ist an eine Grenze von 30.000 DM – die Einzahler zu identifizieren und deren Personalien festzuhalten. Außerdem sollen „verdächtigte Geldbewegungen" sowie „unübliche Geschäftsgestaltungen", die keinen deutlich erkennbaren wirtschaftlichen und legalen Zweck erfüllen, den Strafverfolgungsbehörden gemeldet werden müssen. Damit sich die Institute nicht Haftungsansprüchen zu Unrecht angeschwärzter Kunden ausgesetzt sehen, sollen sie sogar weitestgehend vor Schadenersatzansprüchen geschützt werden.

Angesichts der hohen Strafdrohungen auf der einen und der weit gefaßten Unterrichtungspflicht auf der anderen Seite können sich Banker daher auch bei Transaktionen, die „nur" zu Steuerhinterziehungen führen sollen, gezwungen sehen, die Polizei bzw. die Staatsanwaltschaft einzuschalten. Daß diese Behörden umgehend die Finanzverwaltung informieren werden, versteht sich von selbst (vgl. unten Abschn. 4.1).

Tafelgeschäfte

Ein Bereich der Bankentätigkeit war dem Fiskus seit jeher verborgen: die Tafelgeschäfte. Hiervon spricht man, wenn beliebige Wertpapiere (Aktien, Fondsanteile, Anleihen) nicht nur auf dem Papier an einen Anleger übertragen werden, sondern dieser ein tatsächlich existierendes **Dokument** erhält.

Diese Veräußerung über den Banktresen („über die Tafel") war und ist absolut anonym – zumindest im jetzigen Zeitpunkt noch und bis zu der Einführung einer umfassenden Kontrollmitteilungspflicht. **Voraussetzung:** Der Erwerber zahlt den Kurs- oder Ausgabewert **bar** und nimmt das Papier an sich. Auch die Einlösung der Zinsscheine (Kupons) ist natürlich nur dann anonym, wenn sie gegen Barauszahlung der einlösenden Bank erfolgt und nicht über ein Konto.

Doch Vorsicht: Manche Banken wickeln diese Geschäfte über interne Konten (**CpD-Konten**) ab; hierbei tauchen dann gelegentlich doch die Namen der Kunden auf. Dies vor allem, wenn exotischere Papiere angekauft werden, die erst aus der Bankzentrale beschafft werden müssen.

Ängstliche „Experten" beschränken sich daher auf gängige Werte. **Grund hierfür:** CpD-Konten dürfen, wie gezeigt, bei einer Steuerprüfung ausgewertet und an andere Dienststellen der Finanzverwaltung weitergegeben werden. Ringt sich ein Bankenprüfer tatsächlich zu einer solchen Arbeit durch, drohen weitere Ermittlungen der Steuerbeamten. Für diese ist ein Tafelgeschäft gleichbedeutend mit einer **Schwarzgeldanlage**; der Besuch der Steuerfahndung steht sicherlich ins Haus. Aber wie schon oben beschrieben: Bankenprüfer halten es fast immer für unter ihrer Würde, CpD-Konten auszuwerten. In der Praxis ist die Entdeckungsgefahr daher auch in diesem Bereich gering.

3.2 Banken und Erbfall

Erbfälle werden zwangsläufig dem Finanzamt bekannt. Standesämter und Gerichte teilen Todesfälle mit und geben Mitteilungen über Testamente und den mutmaßlichen Wert des Erbes weiter. In den Letztwilligen Verfügungen fehlen aber häufig direkte Hinweise auf existierende Konten. Der Verstorbene nahm häufig an, die bloße Erbeinsetzung („. . . setze ich meine Tochter A zur Alleinerbin ein . . .") würde verhindern, daß der Fiskus von existierenden Konten erfährt. Die Realität sieht aber ganz anders aus.

Mitteilungspflichten der Banken im Erbfall

Merkwürdigerweise scheint dem Gesetzgeber „das Bankgeheimnis" bei Todesfällen nicht schutzwürdig zu sein. Banken sind zu weitgehenden Mitteilungen an die Finanzämter verpflichtet, sobald sie vom Tod eines Kunden erfahren. Sie müssen **innerhalb eines Monats** nach Bekanntwerden des Todesfalls von sich aus Auskunft über alle zum Vermögen des Verstorbenen gehörenden Werte geben. Unterbleiben darf diese Unterrichtung nur dann, wenn der Wert des meldepflichtigen Erbgutes 2.000 DM nicht überschreitet.

Umfang der Mitteilungspflicht

Die Bank muß anzeigen:

- die Personalien des Verstorbenen, dessen Todestag und Sterbeort
- die Nummern der unterhaltenen Konten und deren genaue Guthabenbestände
- bei Wertpapierdepots ebenfalls deren Nummern, bei Wertpapieren deren Bezeichnung („... fünf BASF-Aktien ..."), den Zinssatz oder Kurswert zum Todestag und am Tag der Mitteilung
- Art und Wert hinterlegter Gegenstände („... zwei Orientteppiche im Werte von 50.000 DM als Darlehenssicherheit ...") oder Wertpapiere
- die Tatsache, ob ein Kunde ein Schließfach hatte oder nicht (über dessen Inhalt kann die Bank zwangsläufig keine Mitteilung machen).

Das Institut mußte bisher jeweils den **Wert am Todestag** angeben. Bankinterne Buchungstermine („Buchungsschnitte") konnten in der Vergangenheit hier vorteilhaft sein.

Beispiel:
A unterhält Sparkonten mit einem Guthaben von 750.000 DM. Er stirbt am 1. 4. 1989 um 15.00 Uhr. Seine Tochter B, die Kontovollmacht hat, hebt gegen 12.30 Uhr 700.000 DM ab. Der „Buchungsschnitt" der Bank liegt jeweils am Ende des Arbeitstags. Folge: Die Bank meldete dem Finanzamt lediglich einen Kontostand von 50.000 DM. B hätte sich mit ihrer Aktion auch noch bis zum Schalterschluß Zeit lassen können.

Das Bundesfinanzministerium hat diesen „Mangel" erkannt. Durch eine entsprechende Anweisung abgesichert, verlangt die Verwaltung jetzt Angaben über die Kontostände **zu Beginn des Todestags. Ausnahme:** Das Kreditinstitut ist in der Lage, den „Buchungsschnitt" exakt auf den Zeitpunkt des Todes zu legen. In der Praxis können Banken dies normalerweise nicht. Diese Verwaltungsanweisung läßt sich natürlich dadurch leicht umgehen, daß die Abhebung bereits einige Tage vor dem Sterbefall erfolgt.

Natürlich versuchen Erben trotzdem immer wieder, die Meldepflicht zu **umgehen**. Aber eine Abhebung von Bankguthaben am Todestag des Erblassers oder am Vortag kann nach der neuen Regelung die Mitteilungspflicht der Bank nicht verhindern.

Kurzfristige Aktionen gehen nur in den seltensten Fällen gut. Regelmäßig muß eine **Erbschaftsteuererklärung** abgegeben werden. Hier müssen die Erben Rechenschaft über das ererbte Vermögen geben. Sind die Angaben nicht plausibel, erfolgen weitere Nachforschungen.

Beispiel:
A hat vor seinem Tod jedes Jahr ein zu versteuerndes Einkommen von 300.000 DM erklärt, darunter auch Zinseinnahmen. B als Alleinerbin behauptet in der Erbschaftsteuererklärung, sie habe nur Guthaben von 50.000 DM vorgefunden, das vorhandene Schließfach habe nur Erinnerungsstücke ohne materiellen Wert enthalten – angesichts der Vorjahre äußerst unglaubwürdig; es drohen intensive Nachforschungen des Finanzamts.

Die Beamten werden hier sicherlich von der Bank Auskünfte über die Kontenentwicklung der letzten Zeit und über die Personen, die vor dem Tod des A dessen Schließfach begutachtet haben, verlangen. Die Bank muß wahrheitsgemäß antworten – Folge: ein Steuerstrafverfahren gegen B.

Gegen die Mitteilungspflicht hilft weder die Verschaffung einer gemeinsamen Verfügungsgewalt, noch der Umstand, daß ein Konto zwar auf den Namen eines anderen angelegt wird, der Erblasser sich aber die Verfügungsbefugnis vorbehält.

Beispiel:
A richtet mit deren Einverständnis auf den Namen seiner Tochter ein Sparkonto ein; er selbst behält nicht nur das Sparbuch, sondern ist auch über das Konto verfügungsbefugt. Folge: Es besteht eine Anzeigepflicht.

Die einzige – allerdings illegale – Möglichkeit: Der Erblasser eröffnet ein **Konto auf den Namen eines Dritten**, ohne sich eine Verfügungsgewalt vorzubehalten, behält aber das Sparbuch bis zu seinem Tod. Der Erbe nimmt dieses dann an sich.

Die meisten Banken übersenden den Erben im übrigen eine Durchschrift der Meldung an das Finanzamt. Sie sind hierzu durch steuerliche Vorschriften nicht verpflichtet, sehen dies aber als Bestandteil des Vertragsverhältnisses zwischen Institut und Kunden an. Die Angaben der Erben in der Erbschaftsteuererklärung werden so erleichtert; natürlich sollten sie nicht von denen in der Bankmitteilung abweichen.

Die verwaltungsinternen Folgen von Erbfällen sind im übrigen oben in Abschn. 2.3 beschrieben.

3.3 Quellensteuer

Die Quellensteuer ist vom Tisch; ob auf Dauer, wird sich trotz aller Versicherungen der Politiker noch zeigen müssen. Die EG-Kommission ist immer noch der Auffassung, eine Besteuerung von Kapitalerträgen müsse auf jeden Fall an der Quelle erfolgen. Der Bundesfinanzminister hat übrigens auch nur davon gesprochen, die Quellensteuer werde ausgesetzt, über ihr weiteres Schicksal müsse EG-einheitlich entschieden werden. Wie eine solche Entscheidung aussehen wird, kann man noch nicht abschätzen. Die Bundesrepublik wird sich aber möglicherweise ebenso dem Druck der anderen Mitgliedsstaaten beugen müssen wie Luxemburg.

Der bundesdeutsche Quellensteuersatz von 10% war im übrigen im europäischen Vergleich noch sehr moderat; im klassischen Kapitalfluchtland Schweiz beträgt er immerhin stolze 35%. Vielleicht werden manche Bundesbürger sich die Quellensteuer bald zurückwünschen.

Auch in Zukunft muß eine besondere **Anlage („KSO")** zu der Steuererklärung ausgefüllt werden. Der Steuerpflichtige muß die Richtigkeit seiner Angaben über Kapitalerträge durch eine besondere Unterschrift bestätigen. Die Kreditinstitute weisen zudem weiterhin auf die Steuerpflicht von Zinseinnahmen durch Stempeleindrucke in Sparbüchern und Vermerke auf Zinsgutschriften hin.

3.4 Steueramnestie

Auch nach der Aussetzung der Quellensteuer galt die sehr umstrittene Steueramnestie weiter. Seit dem **31. 12. 1990** ist sie jedoch ausgelaufen. Bis Mitte 1990 hatten rd. 500.000 Bundesbürger von dieser Möglichkeit, vorher verschwiegenes Kapitalvermögen zu legalisieren, Gebrauch gemacht – eine im Hinblick auf die hohe Hinterziehungsquote bei dieser Einkommenquelle eher bescheidene Zahl. Immerhin haben diese Personen etwa 1,2 Milliarden DM an Zinsen nacherklärt und einige hundert Millionen DM an zusätzlicher Einkommensteuer in die Steuerkasse gebracht.

Entgegen allen Erwartungen hat sich das Bundesverfassungsgericht bis jetzt mit seiner Entscheidung zur Verfassungsmäßigkeit der Amnestie Zeit gelassen. Dabei ist es immer noch völlig unklar, was mit den abgegebenen „strafbefreienden Erklärungen" geschieht, falls die Verfassungshüter das Gesetz für grundgesetzwidrig halten. Vor allem steht nicht fest, ob den betroffenen Steuerpflichtigen überhaupt Vertrauensschutz gewährt werden wird. Ihnen könnte also durchaus nicht nur eine saftige Steuernachzahlung, sondern auch noch Strafe drohen.

3.5 Banken im Ausland

Einen direkten Zugriff auf ausländische Banken hat der deutsche Fiskus nicht. Eigene Nachforschungen im Ausland bleiben ihm verwehrt. Kein anderer Staat ließe es sich gefallen, daß eine ausländische Behörde in seinem Hoheitsgebiet Nachforschungen anstellt und damit hoheitliche Handlungen ausführt, die ihr nicht zustehen.

Beispiel:
A hat hohe Sparguthaben bei verschiedenen Schweizer Banken im Tessin. Das Finanzamt kann keinen direkten Kontakt mit diesen Kreditinstituten aufnehmen, auch wenn die genauen Daten der Geschäftsbeziehung bekannt sind. Die Beamten müssen auf diplomatischem Wege und unter Bezugnahme auf zwischenstaatliche Abkommen die Hilfe der schweizerischen Steuerverwaltung in Anspruch nehmen.

Die Finanzämter haben also nur die Möglichkeiten, die sich ihnen aufgrund der Doppelbesteuerungsabkommen und anderer Verträge mit anderen Staaten bieten. Diese sind von Land zu Land sehr unterschiedlich.

Kein Anleger im Ausland braucht zu befürchten, daß Steuerbeamte direkten Kontakt mit seinen ausländischen Banken aufnehmen würden. Von dem in der Realität fast nicht vorstellbaren Fall abgesehen, daß ein solches Kreditinstitut von sich aus auf die deutsche Finanzverwaltung zukommt, droht kein Bekanntwerden des Umfangs der Vermögensanlagen.

Ein besonderer Reiz: Auslands-Kapitalanlage

Die Faszination, die Auslandskonten auf viele Steuerpflichtige ausüben, ist bekannt, oft aber nur durch eher emotional bestimmte Beweggründe zu erklären. Allein die geographische Entfernung zu vielen klassischen „Kapitalfluchtländern" macht Kontakte zu den Anlageinstituten schwierig; auch die kundennahe Beratung und die direkte Information des Anlegers läßt im Vergleich zu vielen deutschen Großbanken häufig zu wünschen übrig. Zudem entstehen gelegentlich **hohe Kosten** für **Bankspesen** und die **Kontenverwaltung.** Hinzu kommen für den „normalen" Auslandskunden Probleme, eine für seine Zwecke geeignete Bank überhaupt zu finden und empfehlenswerte Engagements auszuwählen. Schließlich kann dem „Kapitalflüchtling" Gefahr aus einem zunächst unbeachteten Bereich drohen, nämlich von seiten der Zollverwaltung. Zollbeamte richten – wenn sie ihre zugegebenermaßen selten gewordenen Personenkontrollen vornehmen – ein besonderes Augenmerk auf mögliche Anhaltspunkte für Schwarzgelder. Die betreffenden Anleger liefern sich dabei gelegentlich selbst ans Messer, weil sie sich nicht nur mit der Existenz ihres Auslandsvermögens begnügen, sondern „ihr“ Geld regelmäßig „besuchen“. Sie nehmen bei diesen Visiten dann aber häufig Kontoauszüge oder andere Unterlagen mit zurück, die einem Zollbeamten natürlich nicht entgehen. Die unausweichliche Folge: Die Zollverwaltung unterrichtet unverzüglich das Wohnortfinanzamt des Betroffenen, dem ein Besuch der Steuerfahndung ins Haus steht. Dies gilt auch, wenn bei der Einreise hohe Bargeldbeträge festgestellt werden. Zwar ist es nicht verboten, beliebige DM-Summen aus- und vor allem auch einzuführen. Allerdings gehen die Zollbeamten – oft wohl zu Recht – bei großen Bar-Transaktionen davon aus, daß hier Schwarzgeld bewegt wird und unterrichten das Finanzamt.

In diesen praktisch durchaus häufigen Fällen bleibt dem ins Netz gegangenen Steuerpflichtigen nur die Beachtung des folgenden

Tip:

Deckt die Zollverwaltung Hinweise auf Auslandskonten auf, liegt hierin noch nicht die gleichzeitige Feststellung einer Steuerhinterziehung, auch wenn es sich bei den angelegten Beträgen tatsächlich um Schwarzgeld handelt. Demnach ist noch Zeit für eine Selbstanzeige (vgl. unten Abschn. D). Unentbehrlich ist in diesem Fall aber die **sofortige** Kontaktaufnahme zu einem versierten Berater. So läßt sich zwar nicht eine Steuernachzahlung, wohl aber eine **Bestrafung** vermeiden.

Übrigens werden **alle** Geldtransfers ins **Ausland,** die den Betrag von **2.000 DM** überschreiten, bei den **Landeszentralbanken** registriert. Wie die Ausfuhr von Bargeld unterliegen zwar auch Auslandsüberweisungen keinerlei Restriktionen; das Finanzamt kann aber durch gezielte Anfragen bei den Landeszentralbanken durchaus genaue Kenntnis von solchen Transfers erlangen. Allerdings dürfte in den Fällen, in denen die Steuerverwaltung bereits zu solchen Ermittlungsmaßnahmen greift, sowieso bereits ein Zugriff der Steuerfahndung erfolgt sein. Mit Anfragen „ins Blaue“ ist in diesem Bereich nicht zu rechnen. Soweit aber das Überweisungsverhalten eines bei der Zollkontrolle aufgefallenen Steuerpflichtigen überprüft werden soll, hat der Fiskus erfolgversprechende Kontrollmöglichkeiten.

Ungeachtet der verschiedenen Schwierigkeiten ist der Drang zu ausländischen Konten ungebrochen. Je nach Anlageland bestehen unterschiedliche Regelungen im Bereich des „Bankgeheimnisses“, die nachfolgend zumindest für die Staaten beschrieben werden sollen, die von den Bundesbürgern bevorzugt werden. Detaillierte und vertiefende Informationen bietet zu diesem Themenbereich im übrigen das im Haufe-Verlag erschienene Buch von *Knapp,* **Ein Konto im Ausland.**

3.5.1 Die Schweiz

Die Alpenrepublik ist in den Augen vieler Menschen immer noch „das" klassische Kapitalfluchtland. Tatsächlich ist das Bankgeheimnis in der Schweiz durch eine Strafdrohung abgesichert. Ein Banker, der Kundeninformationen weitergeben würde, sähe sich einer Haft- oder zumindest einer Geldstrafe ausgesetzt. Die Kreditinstitute halten sich aus diesem Grunde strikt an ihre Verschwiegenheitsverpflichtung. Dies geht soweit, daß sie sich sogar nicht dazu äußern, ob eine Kontoverbindung besteht oder nicht. Deutsche Finanzämter beißen daher regelmäßig auf Granit, wenn sie Auskünfte über Vermögenswerte von Bundesbürgern bei Schweizer Banken einholen wollen. Dies gilt auch dann, wenn sie ein **Ermittlungsverfahren** wegen des Verdachts der **Steuerhinterziehung** führen. Das Schweizer Bundesgesetz über internationale Rechtshilfe in Strafsachen schließt in diesen Fällen eine Rechtshilfe ausdrücklich aus. Anders beurteilen die Schweizer Behörden allerdings Anfragen, die einen „Abgabebetrug" betreffen: Hat der Täter arglistig bewirkt, daß dem ausländischen Staat Abgaben unrechtmäßig und in erheblicher Höhe vorenthalten werden, kann die Schweizer Justiz Auskunftsersuchen beantworten. Ein solcher Steuerbetrug wurde von den eidgenössischen Behörden z. B. bei besonders raffinierten Manipulationen in Unternehmensbuchhaltungen angenommen oder bei einer mehrfachen Verwendung von gefälschten Urkunden. Feste Leitlinien existieren allerdings nicht, die Grenzen sind fließend.

Als **Faustregel** kann man aber anführen: Je raffinierter eine Steuerhinterziehung in Szene gesetzt wird, desto eher kann ein **„Abgabebetrug"** gegeben sein.

Für den „durchschnittlichen" Kapitalanleger wichtig: Das bloße Nichtdeklarieren von Zinseinkünften aus Guthaben in der Schweiz ist nach eidgenössischer Auffassung „nur" Steuerhinterziehung, nicht aber Steuerbetrug.

Die Zahl der vom deutschen Fiskus initiierten Rechtshilfeersuchen ist aus diesem Grund sehr niedrig.

Konten in der Schweiz können leicht und von jedermann eingerichtet werden. Notwendig ist stets – auch bei den im täglichen Bankbetrieb ohne weitere Identitätshinweise geführten Nummernkonten – eine Identifikation gegenüber dem Institut. Allerdings kann man nach der einmaligen Vorlage seiner Personalpapiere für künftige Transaktionen mit der Bank Code-Wörter und dergleichen vereinbaren und unter deren Verwendung sogar telefonisch Aufträge erteilen.

Die erwähnten Nummernkonten lohnen sich im übrigen normalerweise nicht. Abgesehen davon, daß sie keine vollständige Anonymität garantieren, weil die Bank in jedem Fall – wenn auch sicher aufbewahrt – Identitätsnachweise führt, entstehen bei dieser Kontenart wesentlich höhere Bankgebühren als bei regulären Namenskonten.

In der Schweiz erzielte Zinsen und Dividenden unterliegen einem **Quellensteuerabzug** von 35%. Dieser Steuersatz ist regelmäßig höher als der in den einzelnen Kantonen zu entrichtende individuelle Einkommensteuersatz – der Schweizer Kapitalanleger soll auf diese Art zur Steuerehrlichkeit herangeführt werden, erhält er doch bei wahrheitsgemäßer Deklarierung Geld zurück. Falls Erträge von einem in der Bundesrepublik Ansässigen erzielt werden, erstattet der Schweizer Fiskus die Quellensteuer auf Antrag. Allerdings müssen die Erträge dann der deutschen Einkommensteuer unterworfen werden. Will der in Deutschland Steuerpflichtige dies nicht, bleibt es bei dem erwähnten Steuerabzug. Dennoch begeht er durch das Verschweigen in der Bundesrepublik eine Steuerhinterziehung!

3.5.2 Liechtenstein

Das **Bankgeheimnis** in Liechtenstein ist noch etwas undurchdringlicher als dasjenige in der Schweiz. Rechtshilfe leistet das Fürstentum ausschließlich dann, wenn es um kriminelle Delikte – auch Steuerdelikte – geht, nicht aber aufgrund von Auskunftsersuchen der Finanzbehörden. Liechtenstein hat mit keinem anderen Staat ein DBA abgeschlossen mit einer einzigen Ausnahme: Österreich. Dies zeigt, wie stark sich dieses Land abschirmt. Im übrigen gelten für Liechtenstein dieselben Ausführungen wie oben zur Rechtslage in der Schweiz.

Allerdings unterliegen im Fürstentum erzielte Erträge aus längerfristigen Kapitalanlagen sowie aus Schuldverschreibungen lediglich einer **„Couponsteuer“** in Höhe von 4%, also einem sehr geringfügigem Quellensteuersatz. Die auf diese Art einbehaltenen Beträge können nicht mit der in Deutschland fälligen Einkommensteuer verrechnet werden.

Eine **Besonderheit** bietet der kleine Staat **zusätzlich:** Es besteht die Möglichkeit einer **völlig anonymen Vermögensanlage** durch die Einschaltung einer Liechtensteiner Anstalt, einer Stiftung oder eines Trusts. Etwa 40.000 z. Z. bestehende Gesellschaften belegen die hohe Resonanz dieser Anlageform. Die dort ansässigen Rechtsanwälte und Steuerberater leisten bei diesbezüglichen Plänen umfassend Hilfe.

3.5.3 Luxemburg

Luxemburg gewährt gleichermaßen ein **gesetzlich** geschütztes striktes **Bankgeheimnis,** wird deswegen von den übrigen EG-Staaten aber ständig kritisiert, weil es sich immer mehr zu einem *Kapitalfluchtland* entwickelt.

Eine Änderung der gegenwärtigen Rechtslage ist nicht zu erwarten; vielmehr versucht die Regierung, die besondere Bedeutung des Finanzplatzes Luxemburg durch zahlreiche Maßnahmen noch weiter auszubauen: So plant das Großherzogtum sogar die Errichtung eines eigenen Seeschifffahrtsregisters.

Trotz der erwähnten Kritik des Auslandes wurde erst im Jahre 1989 ausdrücklich gesetzlich festgelegt, daß die Steuerverwaltungen von Luxemburger Banken **keine Individualauskünfte** verlangen dürfen. Ausnahme wiederum: Das Auskunftsersuchen ergeht in einem Strafverfahren.

Konten, bei deren Eröffnung ebenfalls ein Identitätsnachweis erforderlich ist, können sowohl als Namens- wie auch als Nummernkonto geführt werden; ein Quellensteuerabzug existiert nicht.

Für das „normale" Besteuerungsverfahren gilt: Ein deutsches Finanzamt kann mit keinerlei Informationen über Konten im Großherzogtum rechnen. Zwar haben beide Staaten in einem DBA grundsätzlich eine Rechts- und Amtshilfe vereinbart; diese Vereinbarung soll aber nicht gelten, wenn die Anfrage nicht aufgrund der Unterlagen beantwortet werden kann, die bei der Luxemburger Behörde bereits vorhanden sind. „Ausgedehnte Ermittlungen" braucht diese nicht vorzunehmen. In der Praxis führt dies zu einer absolut undurchdringlichen Informationssperre, soweit kein Strafverfahren Auslöser für die Anfrage war. Dies gilt nach praktischen Erfahrungen auch dann, wenn die deutsche Finanzverwaltung selbst – etwa durch die Steuerfahndung – Ermittlungen wegen Steuerhinterziehung führt. Sobald erkennbar wird, daß der Fiskus Auskünfte auch zu Zwecken der Besteuerung verwenden will, verweigern die Luxemburger Behörden jede Mithilfe. Bei Zollkontrollen an der Deutsch-Luxemburger Grenze achten die Beamten übrigens akribisch genau auf Hinweise, die auf Schwarzgeld hindeuten . . .

3.5.4 Österreich

Österreich bietet ein nahezu **perfektes Bankgeheimnis.** Unbefugte Offenbarungen durch Mitarbeiter von Banken führen zu Geld- oder Freiheitsstrafen. Zwar besteht eine allgemeine Informationspflicht im Rahmen von Strafverfahren, auch dann, wenn sie Steuerdelikte betreffen. Finanzämter und Strafgerichte aus der Bundesrepublik können Anfragen aber nur dann vorbringen, wenn bereits ein (gerichtliches) Strafverfahren in Gang ist! Es reicht aufgrund einer entsprechenden Bestimmung im Deutsch-österreichischen Rechtshilfeabkommen nicht aus, wenn erst Ermittlungen durchgeführt werden, die durch die erbetenen Auskünfte vorangetrieben werden sollen. De facto folgt hieraus ebenfalls eine fast unüberwindbare Informationssperre.

Konten können bei Kreditinstituten in Österreich als Namens- oder als Nummernkonten geführt werden. Außerdem besteht für Ausländer die Möglichkeit, völlig anonym und auf beliebige erdichtete Namen Konten anzulegen, Wertpapierdepots einzurichten oder Schließfächer anzumieten: Lediglich die Vorlage eines ausländischen Personaldokuments zum Nachweis der Ausländereigenschaft reicht hierzu aus; weder Name noch Anschrift werden registriert. Der Kunde weist sich künftig allein durch den gewählten Code-Namen sowie ein Losungswort aus; sonstige Einschränkungen existieren nicht. Diese Anlageform bietet vollständige und undurchdringliche Anonymität, birgt aber für unvorhergesehene Todesfälle Gefahren, sofern die Existenz der Konten und die gewählte Tarnbezeichnung den potentiellen Erben unbekannt ist. Die geschilderte Praxis der meisten österreichischen Banken steht im übrigen nicht ganz im Einklang mit den dort geltenden gesetzlichen Bestimmungen. Eigentlich müßten die Institute nicht nur die Ausländereigenschaft als solche, sondern auch die Identität des Kunden feststellen. Dennoch wird das dargestellte Geschäftsgebaren durch die Bankenaufsicht offenkundig toleriert.

Zinserträge aus Bankguthaben – nicht aus Sparbüchern mit gesetzlicher Kündigungsfrist – und Dividendenerträge unterliegen in Österreich einer **Quellensteuer** von 10 bzw. 25%.

Die geschilderten Besonderheiten des Bankgeheimnisses gelten nicht nur in Österreich selbst, sondern auch in den zwar rechtlich zu Tirol gehörenden, aber dem deutschen Zollgebiet angeschlossenen Enklaven Kleines Walsertal und Jungholz. Sie sind nur von Bayern aus erreichbar, ohne daß aber eine Zollkontrolle stattfinden würde. Die zahlreichen dort ansässigen Banken haben sich insbesondere auf die Anlageberatung spezialisiert.

3.6 Versicherungen und andere „Vermögenswahrer“

Nicht nur die Banken werden durch das Erbschaftsteuergesetz verpflichtet, bestimmte Informationen an das Finanzamt weiterzugeben, wenn sie vom Ableben eines Kunden erfahren. Entsprechende oder ähnliche Pflichten treffen auch Versicherungen und andere Vermögenswahrer.

Vermögenswahrer

Darunter versteht man alle Verwalter fremden Vermögens, wie z. B. Steuerberater, Rechtsanwälte und Notare. Diese müssen Vermögenswerte mitteilen, die auf ihren Namen auf Ander- oder Treuhandkonten geführt werden. Diese Pflicht trifft auch denjenigen, der Anteile an einem geschlossenen Immobilienfonds treuhänderisch verwaltet.

Beispiel:
Steuerberater A hat sich bereiterklärt, das Vermögen des B zu verwalten. Im Rahmen dieser Verwaltung kauft er in eigenem Namen, aber für Rechnung des B Aktien. Erhält er Kenntnis von B's Tod, muß er das Finanzamt unterrichten.

Oder: Rechtsanwalt C hält alle Anteile eines geschlossenen Immobilienfonds als Treuhänder für die einzelnen Zeichner. Stirbt eine dieser Personen, muß C sich insoweit gegenüber dem Finanzamt offenbaren.

Versicherungen

Versicherungen müssen von sich aus dann an das Finanzamt herantreten, wenn sie Versicherungssummen oder Leibrenten einem anderen als dem Versicherungsnehmer auszahlen oder zur Verfügung stellen (§ 33 Abs. 3 ErbStG). Hauptfall ist die Auszahlung von **Lebensversicherungen** nach dem Tod der versicherten Person.

Es ergeben sich dieselben Folgen wie bei den übrigen Mitteilungen in einem Erbfall (s. Abschn. 3.2): Prüfung der **Erbschaftsteuerpflicht, Kontrollmitteilung** an die Veranlagungsstelle, die für den Begünstigten zuständig ist und ggf. **Überwachung**, ob dieser künftig Erträge aus dem erhaltenen Betrag versteuert. Auch in diesem Bereich müssen nur Zuflüsse von mehr als 2.000 DM bekanntgemacht werden. Monatliche Rentenzahlungen an Witwen und Waisen, die 300 DM nicht übersteigen, sind ebenfalls mitteilungsfrei.

Zu den mitteilungspflichtigen Unternehmen gehören, unabhängig von ihrer Organisationsform, auch **Sterbekassen**, soweit sie Sterbegeld- oder Leibversicherungen anbieten. Sterbegeldzahlungen der Krankenkassen werden allerdings nicht automatisch gemeldet.

Namensaktien

Emittenten von Namensaktien oder Namensschuldverschreibungen müssen ebenfalls dann an das Finanzamt herantreten, wenn aufgrund eines Todesfalls ein Antrag auf Umschreibung der Papiere erfolgt.

Beispiel:
Die S-AG hat ausschließlich Aktien ausgegeben, auf denen die Anteilseigner namentlich bezeichnet sind. B erbt nach dem Tode seines Vaters fünf Anteile. Er will die Papiere auf seinen Namen übertragen lassen und stellt einen entsprechenden Antrag. Folge: Anzeigepflicht.

Auch hier gilt die 2.000 DM-Grenze.

Übertragungen von Aktien dieser Art unter Lebenden müssen im übrigen nicht durch das ausgebende Unternehmen mitgeteilt werden. Bei diesen Übertragungen ist eine **notarielle Beurkundung** vorgeschrieben; der beurkundende Notar muß seinerseits gegenüber dem Finanzamt aktiv werden und eine Ausfertigung dieser Urkunde vorlegen.

3.7 Verstoß gegen die Anzeigepflicht

Handelt ein Verpflichteter seiner Anzeigepflicht zuwider, begeht er eine **Ordnungswidrigkeit**. Diese ist allerdings nur mit einer geringen Buße bedroht, die zwischen 5 DM und 1.000 DM betragen kann. Allerdings können vorsätzliche Verstöße auch als Beihilfe zur Steuerhinterziehung und damit als Straftat angesehen werden. Eine Ahndung als leichtfertige Steuerverkürzung (Höchstbuße 100.000 DM) ist je nach Einzelfall ebenfalls möglich.

Banken und Versicherungen trifft noch eine weitere unangenehme Folge, wenn sie gegen eine Mitteilungspflicht verstoßen. Sie haften dann für die angefallene Erbschaftsteuer, wenn Vermögensbestandteile ins Ausland verbracht oder Versicherungssummen ins Ausland überwiesen werden, bevor die Erbschaftsteuer auch bezahlt ist. Die **Haftung** ist allerdings der Höhe nach auf den Wert der jeweiligen Leistung beschränkt; sie tritt nicht ein, wenn dieser 1.000 DM nicht übersteigt.

4 Andere Erkenntnisquellen

4.1 Gerichte und Behörden

Amtshilfe

Ein tragendes Prinzip des deutschen Verwaltungsrechts ist das der Amtshilfe. Schon Art. 35 Abs. 1 GG bestimmt, daß alle Behörden des Bundes und der Länder zur gegenseitigen Rechts- und Amtshilfe verpflichtet sind. Die Abgabenordnung vertieft diesen allgemeinen Grundsatz in einem eigenen Abschnitt. Die Finanzämter dürfen also andere öffentliche Dienststellen um Hilfe ersuchen, wenn sie selbst die erbetene Maßnahme nicht durchführen können oder die angesprochene Stelle über die benötigte Information verfügt.

> **Beispiel:**
> Steuerpflichtiger A ist unbekannt verzogen. Das Finanzamt darf bei dem Einwohnermeldeamt die neue Adresse erfragen, um Steuerbescheide zustellen zu können.

Oder: Steuerpflichtiger B hat hohe Steuerschulden und ist für seine besondere Gewalttätigkeit bekannt. Das Finanzamt pfändet seinen privaten Pkw. Das Fahrzeug soll zur Versteigerung abgeholt werden. Die abholenden Finanzbeamten dürfen zu ihrem Schutz Polizeibeamte anfordern.

Oder: Das Finanzamt vermutet, daß der Steuerpflichtige C eine gefälschte Quittung als Beleg für angebliche Zahlungen an einen Dritten vorgelegt hat. Die Finanzbeamten dürfen beim Zollkriminalinstitut in Köln ein Gutachten über die Echtheit der vorgelegten Urkunde einholen.

Keine Amtshilfeersuchen darf die Steuerverwaltung an im privatrechtlichen Bereich tätige öffentlich-rechtliche Stellen richten. Hierzu zählen:

- Schuldenverwaltungen
- Postgiroämter
- Postsparkassenämter
- öffentlich-rechtliche Kreditinstitute (Sparkassen)
- Betriebe gewerblicher Art, die zu Körperschaften des öffentlichen Rechts gehören (Stadtwerke, öffentliche Verkehrsbetriebe).

Die genannten Unternehmen haben keinen Bezug zum hoheitlichen Bereich, sondern dienen ausschließlich zivilrechtlichen Zwecken. An diese Stellen kann das Finanzamt nur im Rahmen seiner allgemeinen Möglichkeiten herantreten, muß sie also wie jeden anderen Dritten behandeln.

Beispiel:
Das Finanzamt möchte wissen, welche Zinserträge A auf Konten bei der Stadtsparkasse X erhalten hat. Das Institut wird diese Auskunft nur aufgrund eines Auskunftsersuchens der oben beschriebenen Art erteilen.

Spontanmitteilungen

Für Amtshilfeersuchen der genannten Art ist charakteristisch, daß die Initiative von Seiten der Finanzverwaltung ausgeht. „Spontane" Mitteilungen anderer Verwaltungen sind selten und nur in den gesetzlich verankerten Fällen üblich. Praktisch besonders wichtige Fälle solcher Mitteilungspflichten sind:

- Anzeigen über Betriebseröffnungen bzw. -verlegungen; jeder Unternehmer muß die Eröffnung oder Verlegung seines Gewerbetriebs dem

Gewerbeamt der örtlich zuständigen Gemeinde offenbaren, die ihrerseits das Finanzamt unterrichtet

- Informationen der Zulassungsstellen zur Sicherung der Kraftfahrzeugsteuer; mitgeteilt werden alle Fahrzeugzulassungen, -stillegungen und Kennzeichenänderungen
- die bereits mehrfach erwähnten Anzeigen der Standesämter im Bereich der Todesfälle zur Sicherung der Erbschaftsteuer (Totenlisten).

Besondere Mitteilungspflichten der Gerichte

Bereits erwähnt wurde die Verpflichtung von Gerichten, das Finanzamt über **Beurkundungen** zu unterrichten, die Rechte an Grundstücken oder deren Übertragung betreffen (s. Abschn. 2.1). Neben der ebenfalls schon angesprochenen Informationspflicht im Bereich der **Erbfälle** (s. Abschn. 2.3) müssen die Gerichte auch noch im Bereich der **Kapitalverkehrsteuern** aktiv werden. Das Handelsregister muß alle Vorgänge weitergeben, die möglicherweise zu kapitalverkehrsteuerlichen Konsequenzen führen können; hierzu zählen vor allem die Errichtung oder Verlegung einer Gesellschaft oder Änderungen in der Gesellschafterstruktur.

Anzeige von Steuerstraftaten

Alle Behörden trifft eine ganz spezielle spontane Mitteilungspflicht: Sie müssen das Finanzamt immer dann informieren, wenn der Verdacht einer Steuerstraftat besteht. Dies bestimmt § 116 AO. Ausnahmen gelten nur, wenn bei einer Weitergabe das Post-, Brief- oder Fernmeldegeheimnis gebrochen werden müßte.

Beispiel:
Fernmeldetechniker F hört bei Reparaturarbeiten zufällig ein Telefonat mit, in dem A mit B über die Durchführung eines Bauvorhabens spricht und erwähnt, daß das Finanzamt von dem Auftrag nichts erfahren soll. F darf diese Information nicht weitergeben.

Außerdem muß die verpflichtete Behörde bzw. deren Mitarbeiter dienstlich von solchen verdachtsbegründenden Umständen erfahren haben. Private Informationen und Erkenntnisse müssen nicht weitergegeben werden.

Die anscheinend so klare und eindeutige Vorschrift hat aber kaum praktische Bedeutung. Dies liegt zum einen an der Schwierigkeit zu bestimmen, wann nun tatsächlich der Verdacht einer Steuerstraftat besteht; oft kann diese Frage nur ein Steuerfachmann beantworten.

Beispiel:
In einem Zivilprozeß wird unter anderem vorgetragen, ein Firmenfahrzeug sei in zwei Jahren völlig abgeschrieben worden.Zwar ist in diesem Bereich ein Abschreibungszeitraum von mindestens vier Jahren normal; in besonderen Einzelfällen kann aber auch eine kürzere Frist gerechtfertigt sein – etwa bei jährlichen Fahrleistungen von 80.000 km. Andererseits ist auch eine unzulässig kurze Abschreibungsfrist mit dem Ziel, den betrieblichen Gewinn – und damit auch die Steuerlast – zu vermindern, denkbar. Ohne steuerliche Kenntnisse wird dieses Problem meist übersehen.

Andererseits erfährt das Finanzamt auch von eindeutigen Fällen – gerade von solchen, die bei den (Zivil-)Gerichten bekannt werden – oft nichts.

Beispiel:
Die in Abschn. 2.1 erwähnten Falschbeurkundungen.

Oder: A prozessiert mit B, weil dieser Anstreicherarbeiten mangelhaft durchgeführt haben soll; es kommt zur Sprache, daß die Arbeiten „schwarz" ausgeführt worden sind.

Über die Ursachen dieser Erscheinung kann man nur Vermutungen anstellen. Anscheinend sind viele Zivilrichter der Meinung, es komme nur auf die Erledigung des anhängigen Verfahrens an; zudem sind sie möglicherweise der Ansicht – ähnlich wie viele andere Bürger –, Steuerhinterziehung sei ein Kavaliersdelikt. Diese Vermutung wird noch durch die Feststellung bestärkt, daß Straftaten allgemeiner Natur (Betrug, Diebstahl, Unterschlagung) regelmäßig den Staatsanwaltschaften durch die Zivilgerichte bekannt gemacht werden.

In der Praxis findet man fast ausschließlich Mitteilungen durch die Arbeitsverwaltung und durch Dienststellen der Polizei; meist handelt es sich dann um gravierende Fälle, die zum Eingreifen der Steuerfahndung führen.

Beispiel:
Illegale Arbeitnehmerüberlassung; Werkstätten, die einen schwunghaften Handel mit gestohlenen und umfrisierten Fahrzeugen treiben.

4.2 Öffentlich zugängliche Quellen

Besonders: Zeitungen und Zeitschriften

Kein Finanzbeamter ist gehindert, Angaben von Steuerpflichtigen anhand allgemein zugänglicher Quellen zu überprüfen.

Beispiel:
A macht monatlich 50 DM für eine Busfahrkarte als Werbungskosten geltend. Das Finanzamt darf anhand der Tarife der Verkehrsbetriebe die Höhe der Fahrtkosten überprüfen.

Besonders eifrige Bedienstete – vor allem solche der Steuerfahndungsstellen – studieren aber mit Interesse auch die Tagespresse; manche Ämter sollen sogar professionelle Lese- und Ausschnittdienste beschäftigen. Insbesondere die Anzeigenteile bieten eine wahre Fundgrube für bisher vermutlich steuerlich nicht erfaßte Sachverhalte.

Beispiel:
Callgirl A bietet interessierten Herren ihre Dienste an.

Oder: Maurerkolonne sucht Arbeit und verspricht günstige Preise.

Oder: B will eine Ferienwohnung am Lago Maggiore verkaufen und bietet gleichzeitig noch einen Bootsliegeplatz samt Boot an.

Über die in den Annoncen angegebenen Telefonnummern oder Adressen ist der Anbieter schnell ermittelt; ebenso einfach ist die Überprüfung, ob er überhaupt steuerlich erfaßt ist bzw. seine Vermögensverhältnisse (zumindest die, die er bisher dem Finanzamt offenbart hat) bestimmte Aktivitäten zulassen.

Beispiele:
Steuerfahnder K stellt fest, daß die Prostituierte A dem Finanzamt völlig unbekannt war.

B hat bis jetzt nur Gewinne aus einem Handelsunternehmen erklärt, die den Erwerb der angebotenen Ferienwohnung, geschweige denn eines Bootes mit Liegeplatz, nicht ermöglichen.

Folge in allen Fällen: Die Steuerfahndung wird aktiv; es drohen Durchsuchungen, Beschlagnahmen, umfangreiche Ermittlungen, Steuernachforderungen und Strafen.

Hiervor schützt auch eine Möglichkeit nicht, die vermeintlich besonders schlaue Mitbürger ersonnen haben: sie bieten z. B. ihre Ferienwohnung unter einer Chiffrenummer an. Aber auch hier hat der Fiskus die Möglichkeit, die Identität des Annoncierenden von der Zeitung zu erfahren.

Pressegeheimnis

Zwar steht Mitarbeitern von Zeitungen und Rundfunkanstalten ein Auskunftsverweigerungsrecht zu (s. Abschn. A). **Aber:** Die Rechtsprechung hat dieses Schweigerecht trotz des Grundsatzes der Pressefreiheit (Art. 5 GG) auf den redaktionellen Teil beschränkt.

Beispiel:
A bezichtigt sich in einem Interview mit einem bekannten Nachrichtenmagazin, in dem sein Name nicht offenbart wird, der Steuerhinterziehung. Er will so deutlich machen, wie leicht man das Finanzamt an der Nase herumführen kann. Die Verwaltung kann den Chefredakteur nicht verpflichten, die Identität des Interviewten anzugeben.

Nicht betroffen vom Auskunftsverweigerungsrecht ist der Anzeigenteil.

Folge: Bei hinreichendem Anlaß darf sich die Finanzverwaltung an eine Zeitung wenden und um Mitteilung des Namens des Anzeigenkunden ersuchen. Hinreichender Anlaß ist immer dann gegeben, wenn zu vermuten ist, daß steuerlich relevante Erkenntnisse aufgedeckt werden können; bei dem Angebot wertvoller Immobilien im Ausland oder von Yachten, Segelbooten, Flugzeugen und dergleichen hält es der BFH immer für möglich, daß die Gegenstände an der Steuer vorbei erworben sind. Das Gericht läßt daher entsprechende Auskunftsersuchen ohne Einschränkung zu. Das **Bundesverfassungsgericht** hat diese Rechtsprechung im übrigen mittlerweile ausdrücklich **gebilligt.**

Ein **Schlupfloch** findet sich natürlich auch hier und wird in einschlägigen Publikationen empfohlen: Der Verkaufswillige beauftragt einen Steuerberater oder Rechtsanwalt, ein Inserat aufzugeben. Dieser darf seinerseits über die Identität seines Mandanten schweigen! Besonders eifrige Staatsanwälte könnten in einem solchen Verhalten des Beraters oder Anwalts allerdings eine **Beihilfe zur Steuerhinterziehung** sehen.

4.3 Anzeige von Dritten

Kaum eine Quelle ist für die Beamten der Steuerfahndungsstellen so ergiebig wie die der Anzeiger aus dem persönlichen oder geschäftlichen Umfeld des Steuerpflichtigen. Zu diesem Personenkreis zählen vor allem die – bei der Anzeige meist geschiedenen – Ehepartner, ehemalige Geschäftsfreunde, (entlassene) Arbeitnehmer oder auch mehr oder weniger neidische Nachbarn.

Während die letztgenannten Personen ihre Beobachtungen meist anonym dem Finanzamt zukommen lassen, nimmt die Intensität der „Verfolgungshilfe“ im Regelfall mit der – ehemaligen – persönlichen Nähe zu dem

Angezeigten zu. Auch Selbstbezichtigungen werden gern in Kauf genommen, um Rachebedürfnisse zu stillen.

Beispiel:
Nach ihrer Scheidung offenbart Ehefrau A, daß ihr Ex-Ehemann vor und während der Ehe umfangreiche Schwarzgeschäfte an der Steuer vorbei abgewickelt hat. Sie gesteht auch ein, daß eine verstorbene Tante und sie selbst im Rahmen einer der Scheidung zeitlich vorangegangenen Betriebsprüfung ungeklärte Bargeldgeschäfte als Schenkungen bezeichnet und dies unter Eid vor Gericht versichert hatten. Die Folge der unumgänglichen Freiheitsstrafe wegen Meineids nimmt sie angesichts der hohen Steuernachforderungen gegenüber ihrem Ex-Ehemann gern in Kauf.

Anonyme Anzeigen

Grundsätzlich gilt: Die Finanzverwaltung geht anonymen Anzeigen nur dann nach, wenn sie erkennbar „Fleisch" an sich haben. D. h. es muß sich aus ihnen ein **konkreter Vorwurf** mit erkennbar steuerlichen Konsequenzen ergeben.

Beispiel:
Es genügt nicht die Anzeige „A arbeitet nebenher schwarz als Maurer"; tätig wird die Verwaltung aber bei der Angabe „A hat von 1985 bis heute an den Bauvorhaben von A, B, C, D . . . gearbeitet und von jedem 5.000 DM erhalten."

Schutz des Anzeigers

Vor allem dann, wenn die Informationen ganz oder teilweise unrichtig waren, möchte der Angezeigte den Namen des Denunzianten erfahren; dies gilt besonders, wenn er die undichte Stelle unter seinen Angestellten oder seinen Geschäftspartnern vermutet.

Die Finanzverwaltung reagiert in den meisten Fällen nicht auf ein solches Auskunftsbegehren. Sie vertritt, gestützt auf die Rechtsprechung des BFH, die Meinung, der Name des Anzeigers sei durch das Steuergeheimnis geschützt – eine Rechtsauffassung, die nicht ganz nachvollziehbar ist. Das Steuergeheimnis soll schließlich die steuerlichen Verhältnisse eines Steuerpflichtigen schützen und nicht die Identität eines Dritten. Trotzdem lassen sich dem Finanzamt in aller Regel keine Informationen entlocken.

Wird aus der Anzeige ein Steuerstrafverfahren, sieht dies anders aus. Strafakten müssen vollständig sein; aus ihnen muß sich also auch der

Grund für das Tätigwerden der Ermittlungsbehörden ergeben. Früher haben Steuerfahnder dieses Problem in der Weise gelöst, daß sie Informanten Vertraulichkeit zugesichert haben („V-Leute").

Solche Zusagen hält die Rechtsprechung aber nur noch in Ausnahmefällen (Kapitalverbrechen) für bindend. Im Steuerstrafverfahren muß also der **Informant namentlich bezeichnet** werden. U. U. wird er auch vor Gericht als Zeuge gehört. Bei einer Einsicht in die Ermittlungsakte wird die Identität des Denunzianten in jedem Fall offenbar; allerdings kann nur ein Anwalt eine solche Akteneinsicht vornehmen.

Offenkundig unrichtige Anzeigen

In manchen Fällen wird die Anzeige beim Finanzamt zum Bumerang. Stellen die Beamten fest, daß eine falsche oder irreführende Information nur deshalb weitergegeben wurde, um dem Denunzierten Schwierigkeiten zu machen, drohen dem Anzeiger selbst strafrechtliche Maßnahmen.

Beispiel:
A wird von seinem Arbeitgeber B zu Recht gefeuert. Aus Verärgerung begibt sich A zur Steuerfahndung und erfindet eine Vielzahl von angeblichen Schwarzgeschäften des B. Die Aussage ist so detailliert, daß die Steuerfahndung an eine umfangreiche Steuerhinterziehung glaubt und tätig wird. Die Anzeige erweist sich als bewußt falsch. Folge für A: Bestrafung wegen falscher Verdächtigung (§ 164 StGB).

Bei solchen Sachverhalten schützt das Steuergeheimnis (§ 30 AO) den Anzeiger auf keinen Fall, da in Abs. 5 der Vorschrift eine Möglichkeit der Offenbarung aller Umstände zugelassen ist, wenn die entsprechenden Angaben vorsätzlich falsch waren. Informationsweitergaben (an die Staatsanwaltschaft) erfolgen in diesen Fällen regelmäßig.

4.4 Spielbanken, Lotteriegesellschaften, Wettbüros

Weder Spielbanken, noch Toto- und Lottogesellschaften sind gesetzlich gezwungen, die Empfänger ausgezahlter Gewinne dem Finanzamt bekanntzugeben. Sie sind auch nicht von der oben besprochenen Verordnung zu § 93a AO betroffen: diese verpflichtet nur „Behörden". Zu diesem Adressatenkreis zählen Glückspielstätten auch dann nicht, wenn sie vollständig oder mehrheitlich einem Bundesland oder einer Gemeinde gehören.

Dennoch interessiert sich das Finanzamt gelegentlich für erzielte Gewinne. Manch einer, der sich bohrenden Fragen eines Betriebsprüfers ausgesetzt sieht, versucht nämlich, ungeklärte Vermögenszuwächse mit Glückspielgewinnen zu erklären.

Beispiel:
Betriebsprüfer P stellt fest, daß A in einem Jahr 90.000 DM Gewinn versteuert, aber 150.000 DM ausgegeben hat; Kreditaufnahmen sind nicht feststellbar. A erklärt diese Differenz mit einem Roulettegewinn in Baden-Baden.

Mit dieser Auskunft gibt sich der Betriebsprüfer sicherlich nicht zufrieden. Es hat sich mittlerweile bei der Finanzverwaltung herumgesprochen, daß Spielbanken und Pferderennbahnen die Funktionen übernommen haben, für die man früher den Erbonkel in Brasilien bemühte; auch Steuerbeamte wissen, daß auf Dauer normalerweise nur die Bank gewinnt. Sie verlangen daher eine **Bescheinigung der Spielbank** über Gewinntag und -höhe. Liegt diese nicht vor, vermutet der Prüfer weiter Schwarzgeld. Auch die bloße Vorlage eines Schecks der Spielbank akzeptiert das Finanzamt nicht: Der Scheckbetrag kann schließlich auch aus zurückgegebenen Jetons herrühren, die kurz zuvor erst eingetauscht worden sind.

Der Prüfer kann im übrigen bei der Spielbank nicht direkt nachfragen, denn dort werden **keinerlei Aufzeichnungen** über die einzelnen Gewinne gemacht.

Tip:

Haben Sie tatsächlich Glück und machen einen Gewinn in der Spielbank, lassen Sie sich von dieser auf jeden Fall eine **Bestätigung über die Gewinnauszahlung** geben und präsentieren Sie diese bei Nachfragen des Finanzamts.

Der **Gewinn** als solcher ist **steuerfrei**; bei sehr hohen Summen kann allerdings Vermögensteuer anfallen. Natürlich sind auch die Kapitalerträge steuerpflichtig.

Eine Besonderheit gilt im Bereich der Toto- und Lottogesellschaften. Diese sind Unternehmen wie jedes andere und erhalten daher auch regelmäßig Besuch von Betriebsprüfern. Jene können dann **Kontrollmitteilungen über ausgezahlte Gewinne** anfertigen und weiterleiten. Die möglichen Folgen sind oben beschrieben.

In der Praxis finden sich die erwähnten Kontrollmitteilungen allerdings nur sehr selten, weil die Prüfer offenbar keine sehr ergiebige Steuerquelle vermuten.

4.5 Steuerberater, Rechtsanwälte

Auskunftsverweigerungsrecht

Könnte das Finanzamt die Steuerberater oder Rechtsanwälte eines Steuerpflichtigen nach dessen steuerlichen Verhältnissen befragen, würde sich eine unerschöpfliche und umfassende Informationsquelle eröffnen. Der Berater befände sich aber in einer unangenehmen Situation, weil er einerseits dem Auskunftsersuchen des Fiskus folgen, andererseits die Interessen seines Mandanten im Auge behalten müßte.

Der Gesetzgeber hat angesichts dieser Lage ein besonderes Auskunftsverweigerungsrecht für diese Personengruppe geschaffen (§ 102 Abs. 1 Ziff. 3 AO). Sie können allgemein die Auskunft über steuerliche Verhältnisse eines Pflichtigen verweigern; die betreffenden steuerlich relevanten Umstände müssen im Rahmen des Mandatsverhältnisses anvertraut oder bekanntgeworden sein. Dieses Recht gilt auch für alle Mitarbeiter des Beraterbüros.

Anvertraut ist all das, was der Steuerpflichtige seinem Berater zur Erfüllung der Beratertätigkeit mitteilt (z. B. Umsätze, Gewinne, Vertragsabschlüsse). Bekanntgeworden ist jede Tatsache, von der der Berater im Rahmen seines Tätigwerdens erfährt. Dieser letzte Begriff wird sehr weit gefaßt: Ein Umstand ist nur dann nicht „bekanntgeworden“, wenn der Berater rein zufällig durch Außenstehende bei privaten Anlässen, die in keinerlei Zusammenhang mit dem Mandat stehen, Informationen erhält.

Beispiel:
Steuerberater S erfährt beim sonntäglichen Frühschoppen von X, daß sein Mandant A Schwarzgeschäfte abwickelt. Folge: kein Aussageverweigerungsrecht.

Aber: S erfährt von den Geschäften beim Besuch der Firma des A, als er zufällig ein Telefongespräch mithört. Folge: Aussageverweigerungsrecht.

Entbindet der Mandant den Geheimnisträger von seiner Verschwiegenheitspflicht, **muß** dieser Aussagen machen und kann hierzu auch gezwungen werden.

Schadenersatzpflicht und strafrechtliche Sanktionen

Zivilrechtlich besteht im übrigen eine entsprechende Schweigeverpflichtung aufgrund des Berufsrechts. Sie ergibt sich außerdem aus dem Vertrag zwischen Mandant und Auftragnehmer; Verletzungen können zur Schadenersatzpflicht führen. Zudem ist der Verrat von Privatgeheimnissen in § 203 StGB unter Strafe gestellt, und es drohen zusätzliche Maßnahmen der Berufsorganisationen (Steuerberater- bzw. Rechtsanwaltskammern).

In der Praxis halten sich Steuerberater und Rechtsanwälte strikt an die berufliche Schweigepflicht. Die beschriebene Weigerungsmöglichkeit ist aber nur ein Recht, keine Verpflichtung. Der Berater kann daher **freiwillig** Aussagen machen, die auch verwertet werden dürfen.

Ausnahme

Außerdem gibt es eine Ausnahme von der beschriebenen Verpflichtung: nämlich dann, wenn der Berater aus Gründen des Selbstschutzes handelt.

Beispiel:
A gibt über Jahre falsche Steuererklärungen ab. Als man dies entdeckt, erklärt er, sein Steuerberater S habe die Erklärungen von sich aus falsch erstellt; er beschuldigt S also der Steuerhinterziehung zu fremden Gunsten. S darf sich hiergegen verteidigen und Aussagen über das Zustandekommen der Erklärungen machen, auch wenn A ihn nicht von der Schweigepflicht entbindet.

Hier droht dem Berater auch keine Bestrafung; das Bestreben, sich selbst vor strafrechtlicher Verfolgung zu schützen, stellt einen Rechtfertigungsgrund für die Offenbarung dar.

C Auslandsverbindungen

1 Die Flucht nach außen

Die Quellensteuer ist vorläufig kein Thema mehr; sie war nach Presseberichten Auslöser für eine bisher nie gekannte Kapitalflucht ins Ausland. Angeblich soll allein 1988 eine Summe von ca. 85 Milliarden DM von Konten in der Bundesrepublik abgezogen worden sein.

Aber auch wenn die Quellensteuer nicht weiter Ursache für die Schaffung von Auslandsbeziehungen sein wird: Das Finanzamt muß sich tagtäglich mit steuerlich relevanten Vorfällen beschäftigen, die sich ganz oder teilweise außerhalb des Bundesgebiets abspielen.

Verstärkte Mitwirkungspflicht

Die Steuerverwaltung ist selbst zur umfassenden Sachverhaltsaufklärung verpflichtet; der einzelne Steuerpflichtige muß seinerseits hierbei nur nach Kräften **mitwirken.**

Bei Auslandsbeziehungen verstärkt sich diese Pflicht erheblich. Der deutsche Fiskus kann im Ausland Ermittlungen nicht oder nur sehr schwer durchführen (vgl. Abschn. 2). Unumgänglich ist in jedem Fall die sehr zeitaufwendige Einschaltung der ausländischen Steuerverwaltungen; der notwendige bürokratische Aufwand ist hoch.

Will ein Steuerpflichtiger Umstände geltend machen, die sich im Ausland abgespielt haben, muß er selbst die notwendigen **Aufklärungsmaßnahmen** veranlassen und seinerseits **Beweismittel** beschaffen; dies ergibt sich aus § 90 Abs. 2 AO. Die Vorschrift wird zudem durch andere Bestimmungen im Außensteuergesetz ergänzt.

Beispiel:
Der ausländische Arbeitnehmer A will angebliche Unterhaltsleistungen an in der Türkei lebende Verwandte steuermindernd als Sonderausgaben ansetzen. Er muß die Zahlungen nachweisen und auch deren Notwendigkeit – etwa durch Bescheinigungen türkischer Behörden – belegen.

Oder: Bauunternehmer B erklärt gegenüber Betriebsprüfer C, er habe die laut Buchhaltung seines Unternehmens gezahlte Beratungsgebühr für ein großes Bauvorhaben an die Schweizer Niederlassung einer in Panama ansässigen Firma überwiesen. Der Prüfer vermutet, daß B selbst hinter dieser Firma steckt. B muß deren Gesellschaftsverhältnisse aufklären und unter Umständen auch Verträge und andere Unterlagen beschaffen.

Oder: Unternehmer D behauptet, Lizenzgebühren für die Entwicklung eines Schadstoff-Verbrennungsofens an eine in den USA ansässige Firma gezahlt zu haben. D muß nicht nur den Zahlungsfluß belegen, sondern auch Einzelheiten über den angeblichen Empfänger wiedergeben.

Die Beweisbeschaffungspflicht geht sehr weit; der Steuerpflichtige muß sämtliche zumutbaren Maßnahmen ergreifen und alle seine Möglichkeiten ausschöpfen. Gelingt es ihm nicht, die gewünschten Informationen zu beschaffen, kann das Finanzamt negative Konsequenzen ziehen und z. B. geltend gemachte Betriebsausgaben streichen oder Besteuerungsgrundlagen schätzen. **Ausnahme hiervon:** Die Verwaltung kann den Sachverhalt doch auf andere Art und Weise selbst ermitteln. In der Praxis muß man aber feststellen, daß die Steuerbeamten zumindest im betrieblichen Bereich regelmäßig auf die besondere Mitwirkungspflicht des Betroffenen pochen.

Tip:

Bei Geschäftsverbindungen ins Ausland sollten Sie immer Ihre besondere steuerliche Mitwirkungspflicht im Auge haben. Beschaffen Sie sich daher bereits zu Beginn einer solchen Partnerschaft **Kopien notwendiger Dokumente** (Verträge, Angaben über den Geschäftspartner).

Je weiter Ihr Geschäftspartner von der Bundesrepublik entfernt ist, desto detailliertere Informationen wollen die Finanzbeamten. Residiert dieser gar in bekannten „Steuerparadiesen" (Karibik, Süd- und Mittelamerika, Liechtenstein), müssen Sie mit äußerster Skepsis rechnen, wenn Sie Zahlungen geltend machen wollen.

2 Informationsaustausch im internationalen Bereich

Trotz aller tatsächlichen und rechtlichen Schwierigkeiten kann natürlich auch der deutsche Fiskus mit anderen Staaten steuerlich interessante Informationen austauschen bzw. von diesen Mitteilungen anfordern. Eine entsprechende Ermächtigung enthält § 117 AO.

2.1 Amtshilfe im internationalen Bereich für den deutschen Fiskus

Voraussetzung für jede Inanspruchnahme ausländischer Finanzbehörden ist zunächst einmal, daß das ermittelnde Finanzamt die gewünschte Information nicht selbst beschaffen oder den Sachverhalt nicht selbst feststellen kann. Zunächst müssen alle im Inland möglichen und sinnvollen Maßnahmen ergriffen werden, bevor eine ausländische Behörde eingeschaltet wird. Der betroffene Steuerpflichtige wird selbst von der beabsichtigten Anfrage nicht unterrichtet.

Beispiel:
A ist Eigentümer einer Wohnung am Lago Maggiore. Sein Finanzamt möchte den Wert der Immobilie erfahren. Entsprechende glaubwürdige Unterlagen liegen der Bank des A vor; er bietet an, diese Belege selbst zu beschaffen. Das Finanzamt darf hier kein Auskunftsersuchen an den Schweizer Fiskus richten, es sei denn, es hält die von A beschafften Gutachten für nicht ausreichend oder falsch.

Oder: A macht Schmiergeldzahlungen an arabische Beamte geltend und bietet an, eine entsprechende eidesstattliche Versicherung abzugeben. Das Finanzamt kommt an diesem Anerbieten nicht vorbei und kann einen anderen Staat nur dann um Mitwirkung ersuchen, wenn es die Glaubwürdigkeit der eidesstattlichen Versicherung anzweifelt.

Grundlagen der Amtshilfe

Mit einer Vielzahl anderer Staaten bestehen sog. **Doppelbesteuerungsabkommen** (DBA). Dies sind zwischenstaatliche Vereinbarungen, in denen die vertragschließenden Regierungen Regelungen über die Behandlung von Steuerfällen getroffen haben, die beide Staaten berühren.

Beispiel:
A unterhält in Frankreich und in Deutschland jeweils ein Import/Export-Unternehmen. Es muß geregelt werden, wo die Gewinne zu versteuern sind.

Die meisten dieser Abkommen folgen einem Mustervertragswerk der OECD, einer überstaatlichen Einrichtung (Organization for Economic Cooperation and Development). In diesem Fall enthalten die Verträge die sog. „große Auskunftsklausel". Hierunter versteht man eine Vereinbarung, die eine Informationsvermittlung dann zuläßt, wenn die gewünschten Details für die Besteuerung im anfragenden Staat von Bedeutung sind.

Beispiel:
Das Finanzamt Saarbrücken möchte Einzelheiten über das Geschäftsvolumen des Unternehmens des A in Metz erfahren und auch wissen, ob er Eigentümer von Immobilien in Frankreich ist. Die französische Steuerverwaltung erteilt diese Informationen aufgrund der „großen Auskunftsklausel" im DBA Deutschland – Frankreich.

Manche DBA enthalten aber nur eine „kleine Auskunftsklausel"; hier werden Auskünfte nur zum Zwecke der Durchführung des Abkommens erteilt. Zu dieser Art von Verträgen zählt die Vereinbarung mit der Schweiz.

Beispiel:
A unterhält seine beiden Unternehmen in Saarbrücken und Ascona. Hier erfolgt ein Informationsaustausch nur, um die Besteuerung der Unternehmensgewinne zu regeln.

Entsprechend mager fallen Mitteilungen in diesen Fällen aus. Das deutsche Finanzamt kann übrigens auch nicht seinerseits einen Mitarbeiter in die Schweiz entsenden, um dort notwendige Ermittlungen selbst durchzuführen.

Zulässigkeit des Informationsaustausches

Sofern die „große Auskunftsklausel" Bestandteil des DBA ist, bestehen drei Möglichkeiten des Informationsaustausches:

- Er kann aufgrund eines Einzelersuchens in einem bestimmten Fall erfolgen
- die Mitteilung erfolgt automatisch, wenn im informierenden Staat bestimmte Voraussetzungen erfüllt sind (Beispiel: Erzielt ein Bundesbürger in den USA Zinserträge, erhält der deutsche Fiskus automatisch eine Kontrollmitteilung der amerikanischen Finanzverwaltung)
- schließlich die spontane Auskunft ohne konkreten Anlaß (Beispiel: A erwirbt in Florida ein Haus; das deutsche Finanzamt wird hiervon unterrichtet, nachdem die amerikanische Maklerfirma einer Betriebsprüfung unterzogen wurde).

Die zuletzt angeführte Möglichkeit eröffnet zumindest in der Theorie weitgehende Austauschmöglichkeiten bei steuerlich interessanten Feststellungen. In der Praxis funktioniert ein solcher „Spontanaustausch" nur mit wenigen Staaten, hauptsächlich mit den USA. Aber auch hier liefert die amerikanische Behörde wesentlich mehr als der deutsche Fiskus umgekehrt; die tonnenweise in Containern verschifften Mitteilungen werden von deutschen Finanzämtern allein aus Kapazitätsgründen kaum ausgewertet.

Praktische Schwierigkeiten

In der Theorie stehen nach alledem den deutschen Finanzbehörden durchaus Möglichkeiten zur Verfügung, in den meisten Staaten des Auslandes Informationen zu beschaffen.

In der Praxis greift ein Finanzbeamter aber nur selten und höchst ungern zu diesem Instrument. Mit den wenigsten Staaten kann er nämlich selbst Kontakt aufnehmen; meist muß dies auf dem Dienstweg und unter Einschaltung des Bundesfinanzministeriums geschehen. Entsprechend zeitaufwendig sind also Auskunftsersuchen. Soll ein außereuropäischer Staat um Hilfe gebeten werden, kann der Beamte seine Akte fast immer für zwölf oder noch mehr Monate aus der Hand legen. Ausnahme hierbei wiederum: die USA.

Informationszentrale für steuerliche Auslandsbeziehungen (IZA)

Zur besseren Aufklärung von Auslandssachverhalten wurde beim Bundesamt für Finanzen in Bonn eine eigene Abteilung eingerichtet, die sich nur mit der **Erschließung** von **Erkenntnisquellen** im **Ausland** beschäftigt: die **IZA**. Hier werden nicht nur systematisch ausländische Vorschriften auf dem Gebiet des Steuer- und Wirtschaftsrechts dokumentiert, sondern auch Verzeichnisse, Adreßbücher und Handelsregistermitteilungen aus fremden Staaten gesammelt.

Aus dieser Fülle von Informationswerken können also Anfragen von Finanzämtern nach steuerrechtlichen Regelungen im Ausland beantwortet werden (Steuerbelastung, Vergünstigungsmöglichkeiten; Handelsbräuche und ähnliches). Außerdem ergeben sich Möglichkeiten, aus entsprechenden Registerwerken Angaben über natürliche und juristische Personen zu entnehmen. Besonders im Rampenlicht stehen die sog. **Steueroasenländer** (Liechtenstein, Karibikstaaten). Es finden sich z. B. detaillierte Informationen über mögliche Adressen Liechtensteiner Briefkastenfirmen, die sich aus dem jedermann zugänglichen Adreßbuch dieses Staates ergeben.

Die IZA ist bemüht, möglichst viele Informationen zusammenzutragen; sie wird dabei durch alle Landesfinanzbehörden unterstützt, die Sachverhalte mit Auslandsbeziehungen aufgrund verwaltungsinterner Anweisungen auch weitergeben müssen.

2.2 Deutsche Finanzämter als Informationsquelle für fremde Staaten

Der zwischenstaatliche Informationsaustausch ist natürlich keine Einbahnstraße. Auch deutsche Finanzbehörden erhalten aus dem Ausland entsprechende Anfragen. Für deren Beantwortung gilt das oben Gesagte entsprechend; der Umfang der Verpflichtung richtet sich nach zwischenstaatlichen Vereinbarungen, den DBA.

Im Bereich der EG kommt noch das **EG-Amtshilfegesetz** hinzu, das allerdings noch nicht in allen Mitgliedstaaten in Kraft gesetzt worden ist. Dieses Gesetz gilt nur für den Rechtsverkehr zwischen EG-Staaten; abweichende Vereinbarungen in DBA gehen ihm vor. Die Auskunftsmöglichkeiten nach dem DBA und dem erwähnten Gesetz stehen selbständig nebeneinander.

Bei einer Informationsweitergabe an ausländische Behörden muß der inländische Steuerpflichtige im übrigen vor der Auskunftserteilung gehört werden; er kann notfalls gegen das Finanzamt klagen mit dem Ziel, eine Mitteilung an den fremden Fiskus zu verhindern.

Über die erwähnten Möglichkeiten der Übermittlung von Informationen aufgrund zwischenstaatlicher Vereinbarungen hinaus kann Amtshilfe auch im Wege der **Kulanzauskunft** geleistet werden – also ohne daß eine Verpflichtung hierzu besteht.

Voraussetzung ist, neben der Gegenseitigkeit solcher Kulanzmitteilungen, die Garantie, daß die übermittelten Informationen **nur** für ein **Besteuerungs-** oder **Steuerstrafverfahren** verwendet werden. Auch darf keine Gefahr für die Souveränität der Bundesrepublik bestehen; es muß zudem gewährleistet sein, daß Geschäftsgeheimnisse und ähnliches nicht auf schädigende Art und Weise bekannt gemacht werden. Ein Anwendungsbereich für diese Art von Mitteilungen ist der Auskunftsverkehr mit Staaten, mit denen kein DBA besteht. Auch können in Einzelfällen Informationen über eine vereinbarte „kleine Auskunftsklausel" hinaus weitergegeben werden.

2.3 Steuerstrafverfahren

Viele Steuerhinterzieher entwickeln ihre Aktivitäten auch oder gerade im Ausland (Beispiel: das Sparkonto in Luxemburg, die Briefkastenfirma in Liechtenstein).

Bei entsprechenden Ermittlungen deutscher Strafverfolgungsbehörden ist von anderen Staaten kaum mit Hilfe zu rechnen (Ausnahme wiederum die USA). Die in den DBA festgelegten Möglichkeiten des Informationsaustausches auf steuerlichem Gebiete stehen dann, wenn Steuerstraftaten im Raum stehen, fast nicht mehr zur Verfügung.

Dies liegt einmal daran, daß das Delikt Steuerhinterziehung in vielen Staaten unterschiedliche Tatbestandsvoraussetzungen hat oder keine Straftat darstellt; die „normale" Steuerhinterziehung ist z. B. in der Schweiz nur eine Ordnungswidrigkeit.

Zum anderen sollen die Abkommen, wie der Name schon sagt, der Durchführung der Besteuerung dienen und nicht der Abwicklung eines Strafverfahrens. Die Ermittlungsmöglichkeiten der deutschen Behörden sind also bei Steuerstraftaten mit Auslandsbeziehungen stark eingeschränkt.

2.4 Das Fazit

Zusammenfassend bliebt festzuhalten, daß trotz bi- und multilateraler Abkommen die Möglichkeiten deutscher Steuerbeamter, im Ausland

Erkundigungen einzuziehen, faktisch gering, zumindest aber sehr zeitaufwendig sind.

Das deutsche Finanzamt zieht sich daher nach Möglichkeit auf die verstärkte Mitwirkungspflicht des Steuerpflichtigen zurück, der für ihn günstige Umstände im Ausland geltend machen will. Die Verwaltung überläßt diesem die Beweisbeschaffung weitgehend. In Zweifelsfällen lehnt sie Anträge lieber ab oder macht von Schätzungen Gebrauch.

Daher sei nochmals auf den oben in Abschn. C.1 gegebenen **Tip** verwiesen: Bei Auslandsbeziehungen sollten Sie von vorneherein auf die Beschaffung und **Sicherstellung von beweiserheblichen Unterlagen** achten und diese dem Finanzamt ggf. vorlegen.

D Korrekturmöglichkeiten

1 Selbstanzeige

Das deutsche Steuer(straf-)recht bietet jedem Sünder eine einzigartige Möglichkeit, sich einer Bestrafung zu entziehen; das Instrument der **Selbstanzeige** nach **§ 371 AO**.

Diese Vorschrift wird mit rein fiskalischen Interessen des Staates gerechtfertigt. Dessen Ziel ist es, möglichst alle Steuern im zutreffenden Umfang zu vereinnahmen. Hat ein Steuerpflichtiger die Steuereinnahmen durch unrichtige Erklärungen geschmälert und bekennt er seine Tat, kann der Fiskus seine Ansprüche voll feststellen. Zahlt der Steuersünder die geschuldete Steuer, stellt er den Staat in vollem Umfang zufrieden. Dieser verzichtet im Gegenzug auf eine Bestrafung wegen der Steuerhinterziehung, gleich aus welchen Motiven heraus die Offenbarung erfolgt ist; Reuegefühle sind nicht notwendig.

1.1 Voraussetzungen

Steuerhinterziehung

Die strafausschließende Wirkung der Selbstanzeige kommt nur den Personen zugute, die ausschließlich eine Steuerhinterziehung begangen haben. Korrespondieren mit dieser noch andere Delikte, wird deren Ahndung nicht gehindert.

Beispiel:
Frauenarzt Dr. T führt über Jahre hinweg illegale Abtreibungen durch und versteuert die erhaltenen Honorare nicht. T kann hier dadurch Straffreiheit für den Bereich der Steuerhinterziehung erreichen, daß er sich dem Finanzamt offenbart. Die Abtreibungen bleiben aber weiterhin strafbar – allerdings besteht nicht die Gefahr, daß diese Delikte durch die Selbstanzeige allgemein der Staatsanwaltschaft bekannt werden; das Steuergeheimnis (§ 30 AO) untersagt es der Finanzverwaltung, Erkenntnisse hierüber an die Strafverfolgungsbehörden weiterzugeben.

Inhalt der Selbstanzeige

In der Selbstanzeige müssen die bisherigen unrichtigen Angaben in Steuererklärungen **korrigiert** werden. Hierbei muß das Finanzamt die Informationen erhalten, die zu einer umgehenden Neufestsetzung der Steuer notwendig sind. Aufgrund der Angaben muß es also möglich sein, ohne weitere intensive Ermittlungen neue Steuerbescheide zu erlassen. Unumgänglich sind damit **genaue Zahlenangaben** über verschwiegene Einnahmen.

Außerdem ist ein aktives eigenes Verhalten notwendig; entgegen der auch unter Steuerberatern noch gelegentlich anzutreffenden Auffassung reicht es nicht, eine Betriebs- oder Lohnsteueraußenprüfung zu beantragen oder Betriebsprüfungsergebnisse anzuerkennen, um sich der Wohltat der Selbstanzeige sicher zu sein.

Tip:

Liefern Sie dem Finanzamt **soviel Material wie möglich.** Es genügt nicht, vage Angaben zu machen („Ich habe in den letzten zehn Jahren 80.000 DM Zinsen nicht versteuert“). Aus Ihrem Schreiben muß sich genau ergeben, welche Einzelbeträge in welchem Besteuerungszeitraum verschwiegen worden sind („1988: 5.000 DM; 1987: 4.500 DM ...“). Einzelheiten über die Art der Manipulationen brauchen Sie aber nicht mitzuteilen; dem Finanzamt kommt es nur auf die Berechnung der Nachsteuer an.

In allen Fällen müssen Sie natürlich damit rechnen, daß die Steuerbehörde Ihre Angaben nachprüft. Solange hierbei keine Unrichtigkeiten in Ihrer Korrekturerklärung aufgedeckt werden, sind keinerlei nachteilige Folgen zu befürchten. Ganz anders wird dies, wenn sich herausstellt, daß die Selbstanzeige unvollständig war („dolose Selbstanzeige“).

Beispiel:
A hat in den letzten fünf Jahren jeweils 100.000 DM Schwarzumsätze getätigt. Er fürchtet eine bevorstehende Betriebsprüfung und erstattet „Selbstanzeige"; in dieser erklärt er aber nur 50.000 DM pro Jahr nach, weil er damit rechnet, daß das Finanzamt sich damit zufrieden gibt. Bei einer Überprüfung der Konten ergibt sich der wahre Sachverhalt.

In diesen Fällen ist eine Bestrafung unumgänglich. Die Selbstanzeige zu Verschleierungszwecken wirkt hierbei immer strafverschärfend; die verhängte Strafe fällt also höher aus als in vergleichbaren „Normalfällen".

Form der Selbstanzeige und deren Adressat

Eine besondere Formvorschrift für Selbstanzeigen existiert nicht. Sie kann mündlich, schriftlich oder durch schlüssiges Verhalten erfolgen. Es ist dabei nicht notwendig, daß in der Erklärung das Wort „Selbstanzeige" auftaucht.

Empfehlenswert – allein schon aus Beweisgründen – ist natürlich eine schriftliche Nacherklärung; es empfiehlt sich weiter eine persönliche Übergabe des Schriftstücks gegen Quittung oder dessen Übersendung als Einschreiben mit Rückschein. Formulierungsvorschläge finden sich unten in Abschn. 4.

Wo die Selbstanzeige zu erstatten ist, ergibt sich nicht aus dem Gesetz; dieses spricht nur von „der Finanzbehörde". Diese Formulierung hat zahlreiche Auslegungsversuche hervorgerufen; manche Steuerrechtler beziehen in die „Finanzbehörde" auch die Oberfinanzdirektionen und Finanzministerien mit ein.

Tip:

Unabhängig von all diesen theoretischen Erwägungen sollten Sie eine Selbstanzeige ausschließlich **bei „Ihrem" Finanzamt** abgeben. Wem Sie sie dort aushändigen ist gleichgültig; Ihre Erklärung muß nur in den Machtbereich der Verwaltung kommen, um gültig zu sein.

Selbstanzeige in Stufen

In einzelnen Fällen kann es vorkommen, daß die kurzfristige Zusammenstellung des notwendigen Zahlenmaterials für eine Selbstanzeige nicht möglich ist. Soll eine solche aber dennoch umgehend abgegeben werden, etwa wegen einer unmittelbar bevorstehenden Betriebsprüfung, hat sie nicht die geforderten präzisen Angaben zum Inhalt.

Die Verwaltungspraxis erkennt die Selbstanzeige in Stufen als Ausweg an. In einer ersten Stufe wird mitgeteilt, daß bestimmte steuerlich relevante Angaben in der Vergangenheit unrichtig waren; gleichzeitig kündigt der Steuerpflichtige an, innerhalb einer bestimmten Frist (im Regelfall nicht länger als vier Wochen), genaue Zahlenangaben nachzuholen – dies stellt dann die zweite Stufe dar. Wie genau die Angaben der ersten Stufe sein müssen, ist im einzelnen ebenfalls lebhaft umstritten.

Tip:

Um allen Schwierigkeiten aus dem Weg zu gehen, sollten Sie bei einer Selbstanzeige in Stufen bereits in Ihrem ersten Schreiben die ungefähre Höhe der verkürzten Steuerbeträge im Wege der Schätzung angeben. Dabei gilt: **lieber zu hoch schätzen als zu niedrig.** Natürlich müssen Sie darauf hinweisen, daß es sich bei Ihren Angaben um Schätzungen handelt und daß Sie binnen einer bestimmten Frist die genauen Angaben nachliefern werden. Sie vermeiden dadurch, daß man Ihre Selbstanzeige als bloßen Verschleierungsversuch abtut.

Schwierig ist eine Selbstanzeige in den Fällen, in denen Zahlenangaben nicht rekonstruiert werden können. **Auch hier gilt:** Eine Schätzung ist grundsätzlich zulässig. Diese muß aber so „sicher" wie möglich sein. Aufgrund ihrer eigenen Ermittlungen darf die Finanzverwaltung später nicht zu der Überzeugung gelangen, die Angaben in der Selbstanzeige seien zu niedrig gewesen. Unbedingt zu beachten ist also die Empfehlung: **lieber zu hoch schätzen**. Zudem sollten Sie sich in den angesprochenen Fällen umfassend durch einen versierten Steuerberater oder Anwalt beraten lassen.

Rechtsmittel, die gegen die aufgrund der Selbstanzeige ergehenden Steuerbescheide eingelegt werden, ändern übrigens nichts an der strafbefreienden Wirkung der Erklärung. Auf diesem Weg kann also eine überhöhte Schätzung im finanzgerichtlichen Verfahren korrigiert werden, ohne daß eine Bestrafung zu erwarten ist.

Zeitraum der Selbstanzeige

Eine Steuerhinterziehung führt zu einer verlängerten Festsetzungsmöglichkeit für geschuldete Steuern. Normalerweise müssen Steuern innerhalb von vier Jahren nach Ablauf des Besteuerungszeitraumes festgesetzt sein; danach darf die Finanzverwaltung nicht mehr aktiv werden.

Bei einer Steuerhinterziehung verlängert sich diese Frist auf **zehn** (!) Jahre. Dies bedeutet, daß Sie unter Umständen Angaben über Unkorrektheiten während der letzten zehn Jahre machen müssen (§ 169 AO). Wurden in jedem Jahr unrichtige Steuererklärungen abgegeben, kann dieser Zeitraum noch länger sein.

Beispiel:
A gründet 1965 ein Unternehmen. In jedem Jahr verschweigt er zehn Prozent des erzielten Gewinnes und gibt jährlich entsprechende falsche Einkommensteuererklärungen ab.

Aus der Sicht der Strafgerichte kann hier eine sog. fortgesetzte Handlung vorliegen; A hat nicht verschiedene Steuerstraftaten – jeweils jährlich – begangen, sondern nur eine einzige über den gesamten Zeitraum hinweg. Die Festsetzungsmöglichkeit für den ganzen Zeitraum endet erst zehn Jahre nach der Abgabe der letzten falschen Erklärung. Folge: Eine Selbstanzeige muß den gesamten Tatzeitraum umfassen, also bis 1965 zurückreichen!

In der Praxis begnügen sich die Finanzämter aus verwaltungsökonomischen Gründen allerdings auch in diesen Fällen fast immer mit der Änderung der Veranlagungen der letzten zehn Jahre; oft sind z. B. die Unterlagen aus der Vorzeit schon vernichtet, eine Steuerfestsetzung wäre damit sehr schwierig.

Tip:

In den genannten Fällen sollten Sie unbedingt den **Rat eines Steuerfachmanns** einholen, bevor Sie zur Selbstanzeige schreiten. Gerade im Bereich der fortgesetzten Steuerhinterziehung deuten sich z. Z. bedeutsame Änderungen der Rechtsprechung an, die es genau – und durch einen Experten – je nach den Umständen des Einzelfalles zu analysieren gilt.

Nachzahlung der Steuer

Eine Selbstanzeige wird nur dann wirksam, wenn die bislang hinterzogene Steuer innerhalb einer bestimmten Frist **nachgezahlt** wird. Diese Frist wird durch die Bußgeld- und Strafsachenstelle gesetzt und ist unabhängig von eventuellen Vereinbarungen mit dem Veranlagungsfinanzamt. In Einzelfällen kann dies zu Problemen führen.

Beispiel:
Aufgrund einer Selbstanzeige muß A 100.000 DM Steuer nachzahlen. Sein Veranlagungsfinanzamt gewährt ihm hierfür im Wege der Stundung eine Ratenzahlung über zwölf Monate hinweg. Die Bußgeld- und Strafsachenstelle setzt demgegenüber eine Nachzahlungsfrist von sechs Monaten.

Für die Strafbefreiung ausschlaggebend ist **nur die Frist der Strafsachenstelle.** Verstreicht diese ohne vollständige Zahlung, muß der Steuerpflichtige trotz der Selbstanzeige mit einer Bestrafung rechnen. Die Gerichte muten ihm zu, äußerste Anstrengungen zur Erfüllung seiner Verbindlichkeiten zu unternehmen und notfalls Vermögensgegenstände auch mit Verlust zu verkaufen. Die strafrechtliche Nachzahlungsfrist soll im Regelfall **sechs Monate** nicht überschreiten.

Im Einzelfall kann eine unmittelbare Kontaktaufnahme (Steuerberater/ Anwalt!) mit der Strafsachenstelle in der Praxis aber zu vertretbaren Fristverlängerungen auch über sechs Monate hinaus führen – die äußerste Grenze liegt bei etwa einem Jahr.

Kann der Steuersünder nur einen Teil der geschuldeten Steuern bezahlen, tritt auch nur insoweit Straflosigkeit ein. Er muß also mit einer Strafe rechnen, die sich allerdings nur auf die nicht beglichene Schuld bezieht. Außerdem erkennen alle Strafrichter es als Strafmilderungsgrund an, wenn eine Selbstanzeige nur deshalb nicht voll wirksam wird, weil der Hinterzieher kein Geld mehr hat. Der gute Wille ersetzt hier also zumindest teilweise die tatsächliche Wiedergutmachung.

Hinterziehungszinsen

Hinterzogene Steuern müssen mit einem Zinssatz von 6% pro Jahr verzinst werden. Beginn des Zinslaufes ist der Tag, an dem die unrichtige Steuer festgesetzt worden ist, also das **Datum** des **falschen Steuerbescheides**. Soweit die hinterzogenen Beträge ohne die Steuerhinterziehung erst später fällig geworden wären, beginnt die Verzinsung erst nach Ablauf dieses Tages.

Die Zahlung der Hinterziehungszinsen ist nicht Voraussetzung für die strafbefreiende Wirkung der Selbstanzeige. Allerdings wird das Finanzamt Vollstreckungsmaßnahmen, z. B. Lohn- oder Sachpfändungen, versuchen.

1.2 Ausschlußgründe

Die Finanzverwaltung hat es in manchen Fällen in der Hand, die Abgabe einer wirksamen Selbstanzeige zu verhindern. Die Ausschlußgründe für eine solche Erklärung führt § 371 AO auf.

1.2.1 Ein Amtsträger erscheint

Eine Selbstanzeige ist dann nicht mehr möglich, wenn ein Amtsträger der Finanzverwaltung zur Durchführung einer Prüfung erschienen ist.

Nicht sperrend wirken Befragungen im Rahmen steuerlicher Ermittlungen zur Veranlagung eines anderen Steuerpflichtigen, etwa eines Geschäftspartners.

Wichtig hierbei: Der Finanzbeamte muß tatsächlich zur Prüfung erscheinen. Kommt der Beamte z. B. vorbei, um den Termin des Prüfungsbeginnes festzulegen, schließt dies eine nachfolgende Selbstanzeige noch nicht aus. Auch telefonische Kontakte sind unschädlich; der Prüfer muß tatsächlich körperlich am Prüfungsort, also im Betrieb oder bei dem Steuerberater, anwesend sein.

Faustregel: Wenn der Prüfer an der Tür klingelt, ist es für eine Selbstanzeige zu spät.

Aber auch dann ist die Selbstanzeigemöglichkeit nur für denjenigen Steuerpflichtigen ausgeschlossen, bei dem geprüft wird.

Beispiel:
Prüfer A prüft bei B; die Ehefrau des B kann wegen eigener Steuerdelikte, etwa verschwiegener Kapitalerträge, noch Selbstanzeige üben.

Den Umfang der Sperrwirkung bestimmt der **Inhalt der Prüfungsanordnung.**

Beispiel:
A prüft bei B Einkommen-, Umsatz- und Gewerbesteuer für die Jahre 1985 bis 1987. Die Selbstanzeige ist nur für diese Jahre und die angegebenen Steuerarten ausgeschlossen. Alle anderen Steuerarten, z. B. Vermögensteuer, Grunderwerbsteuer, und andere Veranlagungszeiträume sind nicht gesperrt; eine wirksame Selbstanzeige ist z. B. auch für Einkommensteuerhinterziehungen 1981 bis 1984 möglich.

Ist der Prüfer mit seiner Arbeit zu Ende, die Prüfung also – durch Bericht – abgeschlossen, ohne daß er die Hinterziehung aufgedeckt hat, lebt die Selbstanzeigemöglichkeit wieder auf.

Beispiel:
B hat in den Jahren 1985 bis 1987 Schwarzumsätze nicht erklärt. Prüfer A hat dies übersehen und seine Prüfung durch Bericht abgeschlossen. B kann dann mit strafbefreiender Wirkung Selbstanzeige üben.

1.2.2 Bekanntgabe der Verfahrenseinleitung

Die Mitteilung, gegen einen bestimmten Steuerpflichtigen sei ein Steuerstrafverfahren eingeleitet worden, hindert diesen ebenfalls an einer wirksamen Selbstanzeige. Auch hier gilt: Die Sperre reicht nur soweit wie die Verfahrenseinleitung. Ähnlich wie bei der Prüfungsanordnung sind andere Steuerarten und -zeiträume noch selbstanzeigefähig.

Die Verfahrenseinleitung bzw. die entsprechende Mitteilung muß **möglichst konkret** sein. Allgemeine Formulierungen („. . . in nicht rechtsverjährter Zeit Steuern in noch zu ermittelndem Umfang . . .") reichen nach Auffassung einiger Gerichte nicht aus – über die Einzelheiten streiten sich auch hier die Gelehrten. Höchstrichterliche Entscheidungen stehen noch aus. Immerhin bemühen sich die Finanzämter mittlerweile, detaillierte Angaben zu machen („. . . in den Jahren 1985 bis 1987 Einkommensteuer in noch zu ermittelnder Höhe aufgrund von nicht erfaßten Umsätzen aus Beratungstätigkeiten . . .").

Es genügt, wenn die Verfahrenseinleitung dem Steuerberater des Pflichtigen mitgeteilt wird. Diese wirkt nur gegenüber der angesprochenen Person; Mittäter (Ehepartner, Geschäftsfreunde) können noch von der Selbstanzeigemöglichkeit Gebrauch machen.

Nach Abschluß des Strafverfahrens durch Einstellung lebt die Selbstanzeigemöglichkeit für nicht entdeckte Tatteile wieder auf.

1.2.3 Tatentdeckung

Gerade im betrieblichen Bereich kommt es immer wieder zu Streitigkeiten, ob eine bestimmte Hinterziehung bereits vor einer Selbstanzeige entdeckt war.

Beispiel:
Prüfer A stellt bei Unternehmer B fest, daß dieser Honorare an Unternehmensberater C zahlt. C versteuert diese nicht. B teilt C mit, der Prüfer habe die Zahlungen entdeckt, bevor eine entsprechende Kontrollmitteilung ausgewertet ist. C erstattet Selbstanzeige. War die Tat des C entdeckt?

Voraussetzungen für diese Sperre sind

- die objektive Tatentdeckung und
- das subjektive Wissen des Täters hierum.

Eine Steuerstraftat ist nur dann entdeckt, wenn ein konkreter Tatverdacht besteht; d. h., es muß wahrscheinlich sein, daß Steuern hinterzogen worden sind.

Beispiel:
Prüfer A stellt ein Schwarzkonto fest.

Nicht aber unser obiger Beispielsfall. Aus den Zahlungen als solchen kann man noch nicht ersehen, daß diese nicht versteuert werden.

Oder: die schon erwähnten Feststellungen von Zollbeamten über Auslandskonten. Allein die Vermutung, Auslandskonten würden steuerlich nicht erfaßt, ist zu allgemein, um die Selbstanzeige auszuschließen.

Die Übersendung einer Kontrollmitteilung über (nicht versteuerte) Zahlungen reicht regelmäßig nicht zur Selbstanzeigesperre aus. Ausnahme: bereits aus den Feststellungen des Kontrollmitteilungsfertigers ergibt sich die Nichtversteuerung.

Beispiel:
B verbucht die Zahlung an C unter „Schwarzgeld" und A findet einen entsprechenden Dankesbrief von C in den Unterlagen von B.

Deutlich wird dies, wenn die Finanzverwaltung aufgrund von Kontrollmitteilungen zunächst von dem betreffenden Steuerpflichtigen nähere Erläuterungen zu seinen Steuererklärungen verlangt, z. B. die Frage stellt, ob die Zahlungen in den erklärten Gewinnen enthalten sind. Aus diesen Ausführungen ergibt sich, daß der Täter nur in den seltensten Fällen subjektiv mit einer Tatentdeckung rechnen muß. Er kann also **noch wirksam Selbstanzeige** üben, selbst wenn die Tat ausnahmsweise tatsächlich objektiv entdeckt sein sollte.

Tip:

Informiert ein Geschäftspartner Sie über Kontrollmaterial, das Sie betrifft, prüfen Sie Ihre Steuererklärungen. Sie haben immer noch die Möglichkeit, Selbstanzeige zu erstatten und straffrei zu bleiben. Allerdings ist **Eile geboten;** eine Kontrollmitteilung ist oft binnen zwei Wochen ausgewertet.

1.3 Selbstanzeige bei Leichtfertigkeit

Es wurde bereits erwähnt, daß auch eine grob fahrlässige Steuerverkürzung als Ordnungswidrigkeit geahndet werden kann. Das Gesetz bietet in § 378 Abs. 3 AO ebenfalls eine Selbstanzeigemöglichkeit für dieses Delikt.

Die oben geschilderten Voraussetzungen und Konsequenzen der Selbstanzeige bei einer Steuerhinterziehung gelten entsprechend. Eine wichtige Ausnahme ist jedoch zu beachten: Es existiert **nur eine einzige Sperrmöglichkeit** für die Selbstanzeige.

Diese ist nur dann ausgeschlossen, wenn zuvor ein Straf- oder Bußgeldverfahren eingeleitet und diese Einleitung auch dem Pflichtigen bekanntgegeben worden ist. Gerade bei Betriebsprüfungen bietet sich hierdurch oft ein Schlupfloch, durch das auch Geldbußen verhindert werden können.

Beispiel:
A prüft bei B die Jahre 1985 bis 1987 und ist momentan mit den Unterlagen von 1986 beschäftigt. Der Steuerberater von B stellt fest, daß im Jahre 1987 versehentlich ein Umsatz von 100.000 DM nicht erfaßt worden ist; der Buchhalter hatte sich beim Addieren geirrt.

In dem erwähnten Fall hat B zwar grob fahrlässig gehandelt – er hat seinen Buchhalter nicht kontrolliert. Macht er den Prüfer aber auf den Fehler aufmerksam, liegt hierin eine wirksame Selbstanzeige. Zu spät wäre es allerdings, wenn der Prüfer den Additionsfehler bereits selbst entdeckt hätte. Eine Selbstanzeige setzt begrifflich immer das Offenbaren bisher unbekannter Umstände voraus; das bloße Akzeptieren von Prüferfeststellungen führt noch nicht zur Freiheit vor Verfolgung.

2 Bloße Korrektur

Es kann durchaus geschehen, daß Steuererklärungen unbewußt fehlerhaft abgegeben werden.

Beispiel:
Unternehmer A irrt sich beim Addieren seiner Umsatzzahlen und erklärt einen um 10.000 DM zu niedrigen Umsatz.

Sofern der Steuerpflichtige im nachhinein die Unrichtigkeit seiner Angaben erkennt, verpflichtet ihn § 153 AO zu deren unverzüglicher Korrektur.

Beispiel:
A entdeckt den Additionsfehler, als er seinen Steuerbescheid erhält; er muß umgehend eine korrigierte Erklärung abgeben.

Im Unterschied zu den bereits angesprochenen Fällen der Steuerhinterziehung kann diese Korrekturverpflichtung nur eingreifen, wenn der Fehler nicht absichtlich geschehen ist und erst nachträglich bekannt wird. Bei bewußt falschen Angaben liegt eine Steuerhinterziehung vor.

Diese Straftat läßt sich nur über den Weg der Selbstanzeige aus dem Weg schaffen. § 153 AO gilt für alle Angaben gegenüber der Steuerverwaltung, die zu Entscheidungen führen, welche für den Pflichtigen vorteilhaft sind. Auch versehentlich unrichtige Erklärungen im Rechtsbehelfsverfahren (z. B. in Einspruchsschreiben), bei Stundungs- oder Erlaßanträgen oder im Zusammenhang mit Vollstreckungsmaßnahmen müssen korrigiert werden.

Adressaten der Berichtigungspflicht und deren Ausnahmen

Die Vorschrift richtet sich an

- den Steuerpflichtigen
- dessen Rechtsnachfolger, also insbesondere die Erben
- die Geschäftsführer und sonstigen gesetzlichen Vertreter von juristischen Personen (Firmen wie GmbH, AG) und anderer Steuersubjekte, wie z. B. nichtrechtsfähigen Vereinen.

Besonders wichtig ist hierbei die Berichtigungspflicht, die die Erben trifft. Gerade bei Erbfällen treten immer wieder Versäumnisse des Erblassers zutage.

Beispiel:
Unternehmer A verstirbt am 1. 4. 1989; am 1. 3. 1989 hatte er seine Einkommensteuererklärung für 1987 beim Finanzamt abgegeben. Sein Sohn und Alleinerbe stellt fest, daß sein Vater durch einen Additionsfehler einen zu geringen Umsatz angegeben hat. Folge: Korrekturverpflichtung.

Dabei ist es für die Obliegenheit des Erben gleichgültig, ob der Erblasser vorsätzlich falsche Angaben oder bloße Fehler gemacht hat.

Droht keine zu niedrige Steuerfestsetzung, muß die falsche Erklärung nicht geändert werden. Außerdem besteht keine Anzeigepflicht, wenn die Steuerfestsetzung nicht mehr geändert werden kann, weil die Festsetzungsmöglichkeit des Finanzamts verjährt ist.

Folgen der unterlassenen Berichtigung

Der Verpflichtete muß die Unrichtigkeit positiv erkennen; ein bloßes Kennenmüssen reicht nicht aus; auch ist ein leicht fahrlässiges Übersehen von Fehlern unschädlich.

Beispiel:
A hat in seiner Steuererklärung für 1987 durch Rechenfehler zu niedrige Gewinne ausgewiesen. Sein Erbe B kontrolliert die Steuererklärungen der Vorjahre nicht – hierzu besteht im übrigen keinerlei rechtliche Verpflichtung. B hat höchstens leicht fahrlässig gehandelt. Also: Keine Berichtigungspflicht.

Hat er die Mängel aber tatsächlich entdeckt und erkennt er auch, daß aufgrund des Fehlers eine zu niedrige Steuerfestsetzung erfolgen kann oder schon erfolgt ist, macht er sich einer vorsätzlichen Steuerhinterziehung schuldig, wenn er nicht berichtigt. In diesen Fällen ist zu dem zuvor schuldlosen Verhalten, also dem Versehen, ein neues, eigenständiges Schuldelement hinzugetreten.

Dies gilt auch bei grob fahrlässigen Versäumnissen. Es bleibt dann nur noch der Weg der Selbstanzeige nach § 371 oder § 378 AO. Unterbleibt eine Änderung schuldhaft, verlängert sich zudem die Festsetzungsfrist. Je nachdem, ob der Verpflichtete Fehler vorsätzlich oder grob fahrlässig nicht angezeigt hat, kann das Finanzamt also noch fünf oder gar zehn Jahre später Steuerfestsetzungen ändern.

Fehler des Finanzamtes

Bei den Millionen von Steuererklärungen, die die Finanzverwaltung jährlich bearbeiten muß, sind Fehler der Beamten selbstverständlich nicht auszuschließen.

Beispiel:
A erklärt einen Gewinn von 175.000 DM. Steueroberinspektor B gibt versehentlich nur einen Betrag von 17.500 DM an das Rechenzentrum zur Berechnung der Einkommensteuer weiter.

Eine **Korrekturverpflichtung** besteht hier für den Steuerpflichtigen **nicht.** Er ist nur für Unrichtigkeiten verantwortlich, die in seinem eigenen Wirkungskreis geschehen sind. Das Finanzamt muß seinerseits sicherstellen, daß in seinem Bereich keine Versäumnisse auftreten; unterläßt die Behörde dies, kann sie hierfür nicht einen anderen haftbar machen.

Bei Eingabefehlern der erwähnten Art bestehen natürlich **Korrekturmöglichkeiten,** allerdings nur während der regulären **vierjährigen** Festsetzungsfrist. Taucht ein Versehen erst nach diesem Zeitraum auf, muß das Finanzamt auf die nicht erhobene Steuer verzichten.

3 Formulierungsvorschläge

In einer Berichtigung nach § 371 oder § 378 AO sollte das Wort „Selbstanzeige" nicht auftauchen. Ein solcher Hinweis ist ein Warnsignal für den Beamten – eine besonders **genaue und detaillierte Prüfung** ist geboten.

Zudem haben Sie ihm seine Arbeit durch Ihre Formulierung sehr erleichtert: Erwähnen Sie den § 371 AO, geben Sie eine Steuerhinterziehung zu; § 378 AO steht für die leichtfertige Verkürzung. Der Beamte wird ohne weitere Überlegung die gesetzlich möglichen Konsequenzen ziehen: Bei der Straftat also die zehn zurückliegenden Veranlagungen korrigieren, bei der Ordnungswidrigkeit die letzten fünf. Außerdem erfolgt bei einer Selbstanzeige wegen einer Steuerhinterziehung automatisch auch die Festsetzung von Hinterziehungszinsen.

Sobald Sie aber keine Rechtsnorm in Ihrer Korrekturerklärung angeben – Sie sind hierzu nicht verpflichtet! – muß das Finanzamt selbst nachprüfen, ob Sie nun nach § 371, § 378 oder § 153 AO korrigieren. Die meisten Finanzbeamten sind bestrebt, möglichst rationell zu arbeiten. Bei Korrekturen läuft dies darauf hinaus, nach Möglichkeit eine **Änderungserklärung** nach § 153 AO anzuerkennen.

Hier sind maximal nur vier Veranlagungszeiträume zu ändern, die Festsetzung von Zinsen entfällt. Der Beamte entscheidet sich nach einer überschlägigen Prüfung, die sich normalerweise nicht in Widerspruch zu Ihrer Erklärung setzen wird, es sei denn, er ist von deren Unrichtigkeit überzeugt.

Folgendes Muster bietet sich für eine Korrektur nach § 153 AO und Selbstanzeige an:

Selbstanzeige

Heinz Muster — 6600 Saarbrücken, den
Beispielstraße 1

An das
Finanzamt
6600 Saarbrücken

Betrifft: Steuernummer 123/4567/89

Sehr geehrte Damen und Herren,

In meinen Steuererklärungen für 1985, 1986 und 1987 habe ich folgende Beträge bei der Berechnung der Umsätze und Gewinne nicht erfaßt:

1985: . . . .

1986: . . . .

1987: . . . .

Hochachtungsvoll

Selbstanzeige in Stufen

. . . .

Betrifft: Steuernummer 123/4567/89

Sehr geehrte Damen und Herren,

Ich habe festgestellt, daß ich in den Jahren 1985, 1986 und 1987 Umsätze in verschiedener Höhe nicht erfaßt habe. Ich schätze die entsprechenden Beträge wie folgt:

1985: . . . .

1986: . . . .

1987: . . . .

Die genauen Zahlen kann ich erst nach erneuter Überprüfung meiner Aufzeichnungen benennen. Ich bitte, mir zur weiteren Konkretisierung meiner Angaben eine Frist von drei Wochen einzuräumen.

Hochachtungsvoll

Korrektur nach § 153 AO durch einen Erben

. . . .

Betrifft: Steuernummer 123/4567/89

Sehr geehrte Damen und Herren,

Ich bin Erbe des am . . . . . . verstorbenen X. Bei Durchsicht der von diesem abgegebenen Steuererklärungen für 1985, 1986 und 1987 habe ich festgestellt, daß folgende Einnahmen nicht erfaßt waren:

1985: . . . .

1986: . . . .

1987: . . . .

Hochachtungsvoll

Stichwortverzeichnis